Franz Neukirch

Das Leben des Petrus Damiani - Teil 1 - Bis zur Ostersynode 1059

Franz Neukirch

Das Leben des Petrus Damiani - Teil 1 - Bis zur Ostersynode 1059

ISBN/EAN: 9783743601659

Hergestellt in Europa, USA, Kanada, Australien, Japan

Cover: Foto ©ninafisch / pixelio.de

Manufactured and distributed by brebook publishing software (www.brebook.com)

Franz Neukirch

Das Leben des Petrus Damiani - Teil 1 - Bis zur Ostersynode 1059

DAS LEBEN
DES
PETRUS DAMIANI
(TEIL 1: BIS ZUR OSTERSYNODE 1059)

NEBST EINEM

ANHANG: DAMIANIS SCHRIFTEN.

INAUGURAL - DISSERTATION

ZUR ERLANGUNG DER PHILOSOPHISCHEN DOCTORWÜRDE

IN GÖTTINGEN

VON

FRANZ NEUKIRCH
AUS BRAUNSCHWEIG.

GÖTTINGEN.

DRUCK DER GEBRÜDER HOFER.

1875.

In die Anfänge des grossen, welthistorischen Kampfes zwischen Kaisertum und Papsttum führt uns der Mann, dessen Leben darzustellen der Zweck der folgenden Abhandlung ist. Seine Bedeutung für die politische und Kirchengeschichte des 11. Jahrhunderts ist längst anerkannt und er ist in älterer und neuerer Zeit wiederholt Gegenstand der Behandlung gewesen. Die älteren Arbeiten sind durch die Annales Camaldulenses von Mittarelli und Costadoni [1]) fast ganz in den Hintergrund gedrängt, doch behandeln diese vorwiegend nur Damianis mönchische Wirksamkeit. Von Neueren, die der Anlage ihrer Werke gemäss nur auf einzelne Seiten und Abschnitte der Geschichte Ds eingehen konnten, nenne ich hier nur die bekannten Arbeiten von Voigt, Höfler, Helfenstein, Floto, Will, Gfrörer, Gregorovius, Steindorff und besonders Giesebrecht.[2]) Monographisch ist er behandelt in dem älteren, soviel mir bekannt geworden, sehr ungenügenden Werke von Laderchius,[3]) und in neuerer Zeit in legendenartiger Weise von Alfonso Capecelatro,[4]) der im Ganzen nur die Annales Camaldulenses und die Briefe Ds übersetzte und sonst völlig Unbrauchbares hinzuthat.

J. Fehrs Abhandlung „Petrus Damiani"[5]) ist nur eine ziemlich unbedeutende Apologie Ds als Eremiten. A. Vogels kurzer Vortrag „Petrus Damiani"[6]) ist ein nützlicher und interessanter Ueberblick über Ds Leben.

---

1) T. I und II, Venetiis 1755 und 1756; einzelnes findet sich zerstreut auch in den folgenden Bänden, besonders in IX, p. 4—14. Im Folgenden citire ich: Mitt. (A. C.).

2) Geschichte der deutschen Kaiserzeit, Band 2 und 3. (3. Auflage).

3) Vita S. Petri Damiani Rom. 1702; cf. Schröckh, Christliche Kirchengeschichte 22, 525; ich selbst habe sie nicht einsehen können. — Eine andere mir unbekannte Vita di Pietro Damiano, Venez. 1729, führt Potthast, Bibliotheca, an.

4) Storia di S. Pier Damiano e del suo tempo, Firenze 1862, 2 vol.

5) In der Oesterreichischen Vierteljahrsschrift für kathol. Theologie, 7. Jahrgang, 1868, p. 189—240.

6) Jena 1856.

Meine Absicht ist, das Leben und die Wirksamkeit Ds möglichst vollständig biographisch darzustellen; der erste hier vorliegende Teil handelt zunächst über die Quellen zu seiner Geschichte, seine Thätigkeit als Reformator des mönchischen Lebens und Eremit, sein Eingreifen in die allgemeine Kirchenreform und seine Beziehungen zu seinen hervorragendsten Zeitgenossen, besonders zu den Päpsten, bis zur Ostersynode 1059, endlich über seine politische Stellung. Notwendig war es, seine zahlreichen Briefe und Abhandlungen — die hervorragendste Quelle für seine Geschichte — soweit als möglich chronologisch zu fixiren und zu ordnen; ein Versuch dazu ist im Anhang gemacht worden.

Hier sei es mir gestattet, meinem verehrten Lehrer, Herrn Professor Georg Waitz, meinen herzlichsten Dank auszusprechen für die Teilnahme, die er dieser Arbeit und überhaupt meinen historischen Studien hat angedeihen lassen; sowie Herrn Professor Ernst Steindorff, der die erste Anregung zu jener gab.

I.

Was die Quellen zu dem Leben Ds betrifft, so ist das bei weitem wichtigste Material in seinen eigenen Briefen und in Briefform gekleideten Abhandlungen und Streitschriften [1]) enthalten; sie geben uns den besten Aufschluss über seine Beziehungen zu den hervorragenden Persönlichkeiten seiner Zeit. An der Glaubwürdigkeit seiner Berichte über die gleichzeitigen Ereignisse und Zustände zu zweifeln, liegt im Allgemeinen kein Grund vor; nur ist nicht zu vergessen, dass er sich in seinem kirchlichen Eifer zuweilen, — wenn auch unabsichtlich — zu Uebertreibungen hinreissen lässt, und dass er durch seinen Glauben an Wunder und Visionen, den er mit seinem ganzen Zeitalter teilt, verleitet — obgleich er auch über die Wahrheit von Wundergeschichten nicht selten Skrupel ausspricht — uns manchmal sehr unglaubliche und abenteuerliche Geschichten auftischt. Derartiges charakterisirt sich aber fast immer von selbst als unglaubwürdig oder mit Vorsicht zu benutzen. Wenn ferner D. über der Zeit und dem Orte nach entlegene Dinge berichtet, wo auch wir an der Glaubwürdigkeit von Einzelnem zweifeln müssen, spricht er selbst meist Bedenken über die Wahrheit des Erzählten aus; er gesteht ausdrücklich die Möglichkeit zu, dass er Unwahres berichten und

---

1) Sie sind nebst anderen Werken Ds und sonstigen auf ihn bezüglichen Schriften auf Veranlassung Papst Clemens' VIII. gesammelt und edirt in 4 Bänden von Const. Cajetan, Rom 1602 ff., zuletzt Bassano 1783; ich citire nach der 5. Ausgabe, Paris 1743. Die Briefe sind systematisch nach dem Stande der Adressaten ohne chronologische Ordnung zusammengestellt in T. I; T. II enthält Sermones — von denen aber ein Teil D. nicht angehört, s. Oudinus de Script. Eccles. p. 689 ff. — und Heiligenleben; T. III die Tractate, opuscula; T. IV Lieder und Gebete. Eine neue, kritische Ausgabe wäre sehr nötig. Theologische Abhandlungen und Briefe, die bei Cajetan fehlen, hat A. Mai edirt in der Collectio Script. veter. VI, b, 211—244.

dass er oder sein Berichterstatter sich irren könnte: die Wahrheitsliebe ist ihm eine der Haupttugenden.[1]

Als zweite Hauptquelle kommt in Betracht die von Johannes Laudensis verfasste Vita B. Petri Damiani.[2] Ueber diesen Biographen des Petrus haben wir nähere Nachrichten teils durch eine Vita Johannis, die ein ihm nahestehender ungenannter Mönch verfasste,[3] teils durch zwei Briefe Ds an Johannes. Jene Vita, die auch über D. einzelne Nachrichten bietet, verfasste der Anonymus einige Zeit nach Johanns Tode, jedenfalls zu Lebzeiten von dessen Nachfolger im Bistum Gubbio, Johannes, auf dessen, wie auf der Eugubiner Wunsch er schrieb.[4] Er war Mönch im Kloster Fonte Avellana zu gleicher Zeit mit Johann, wohnte sogar mit ihm in einer Zelle zusammen;[5] wir dürfen deshalb seiner Erzählung grossen Werth beilegen. Dass er der Wahrheit getreu schreibe, bezeugt er ausdrücklich.[6] Das Meiste, was diese Vita bietet, bezieht sich nur auf das mönchisch-fromme und asketische Leben Johanns, doch findet sich auch manches Gute und Brauchbare.

Johannes, nach seiner Vaterstadt Lodi Laudensis benannt,[7] studirte in seiner Jugend die freien Wissenschaften, wie regelmässig die Söhne der begüterten Italiener

---

1) ep. 1,10: haec eadem gesta quae scribimus, quia in transitu audire nos contigit, utrum inoffensam fidei lineam teneant, certum per omnia non habemus, cf. ep. 1,9 ego quoque quod scripsi etc.; ep. 2,14 und 15; op. 20,5; Vita Dominici Loricati c. 5; Vita Romualdi praef. und sonst.

2) Sie ist oft abgedruckt; ich citire nach Cajetans Ausgabe: Dam. opp. tom. I. p. I—XVIII; cap. 23 ist nur ein späteres Anhängsel. Die bei Cajetan t. I p. XIX—XXXIV abgedruckten Viten sind fehlerhafte Auszüge aus der Vita des Johannes und ohne allen Werth.

3) Vita S. Johannis Laudensis Auctore Anonymo Monacho S. Crucis Fontis Avellanae, in den Acta Sanct. Sept. III. p. 161—170 und in M. Sarti de Episcopis Eugubinis, Pisauri 1755, p. 64—82; nach letzterer Ausgabe citire ich. — Eine 2. Vita Johannis in den Acta Sanct. a. a. O. 111—174, gleichfalls von einem Anonymus, ist ganz unbrauchbar: sie ist nur ein, teilweise wörtlicher, Auszug und Ueberarbeitung der ersten Vita Joh.; dabei sogar fehlerhaft (so wäre nach cap. 3 Petrus erst als Cardinal Eremit geworden und nach cap. 11 Johann jenem unmittelbar als Prior gefolgt).

4) Vita Joh. prol.

5) cf. Vita Joh. c. 9 init. und c. 21 init.; c. 10: Quod ego ... ipse cum eodem una in cellula, contiguo separatus interstitio deprehendi etc.

6) Vita Joh. c. 23: sed ne hanc super sententiam etc.

7) Den Beinamen Grammaticus, den ihm die A. C. geben, dessen Berechtigung ich allerdings nicht einsehe, findet sich nur in der Vita S. Ubaldi episc. Eugub. († 1160), c. 2 bei Sarti a. a. O. p. 94, die dessen Nachfolger Theobald dem Kaiser Friedrich I. widmete.

jener Zeit, wusste aber, wie sein Biograph rühmt, das Gefährliche und Schädliche derselben von dem Nützlichen zu scheiden und führte schon als Jüngling fast ein Eremitenleben, liess sich auch durch den Spott seiner Studiengenossen nicht von seinem Treiben abhalten.[1] Durch den Ruf des Cardinals D. und seines berühmten Klosters Fonte Avellana bewogen, trat er 1065 dort als Eremit ein,[2] wo er sich durch seinen strengmönchischen Lebenswandel trotz seines schwachen Körpers vor den anderen Mönchen bald auszeichnete. In seinen freien Stunden schriftstellerte er — von seinen Schriften erhielt sich, wie sein Biograph sagt, nur die Vita Damiani — doch schätzte er diese Beschäftigung gering gegenüber seinen Bemühungen, ein ächter Mönch zu werden.[3]

Mit seinem gestrengen Prior Petrus, „dem Stern und der Leuchte der Welt durch seine Sittenreinheit und Weisheit,"[4] war er früh in ein inniges Freundschaftsverhältniss getreten. Jener widmete ihm bald nach seinem Eintritt ins Kloster einen moralischen Tractat, in dem er ihm mit liebevollen Worten Muth einflösst in dem Ertragen der strengen Klosterzucht und dem Ueberwinden der Versuchungen.[5] Später ernannte er Johann mit zwei anderen Mönchen wegen ihrer hervorragenden kirchlichen Gelehrsamkeit zu Censoren seiner Schriften,[6] nahm ihn auch öfter als Begleiter auf seinen Reisen mit, so 1066 nach Monte-Cassino und 1072 nach Ravenna.[7]

---

1) Vita Joh. c. 2. 3.
2) Nach der Vita Joh. c. 10 weilte Johann 40 Jahre in Fonte Avellana, war 1 Jahr Bischof von Gubbio und starb 1106. Dass schon 1059 Johann bei Ds Aufenthalt in Lodi den Entschluss gefasst habe, in Avellana Eremit zu werden, wie Mitt. A. C. II, 205 annimmt, beweisen die Quellen nicht und ist auch an sich unwahrscheinlich. Fehr, Petrus Damiani, a. a. O. p. 190, setzt 1055 als das Jahr seiner Conversion und lässt ihn etwa 9 Jahre unter Ds Leitung im Eremitenverbande von Avellana verleben, nur gestützt auf die ganz unrichtige und unverständliche Argumentation in den Acta Sanct. Sept. III. p. 150 c. 18.
3) Vita Joh. c. 8. 13.
4) So heisst es in der Vita Joh. c. 13. 14.
5) op. 44: De decem Aegypti plagis; ähnlich wie in dem folgenden Briefe redet er ihn an: Dilectissimo fratri Joanni jam non Laudensi ideoque laudabili viro.
6) ep. 6,10; nach der Adresse war Johann damals Abt eines der Klöster der Avellaner Congregation.
7) Vita Joh. c. 14; Vita Dam. prol.: qui tanto patri licet in extremis pene temporibus individuus comes cohaeserim; cf. c. 20 und 22. In Faenza stand Johann am Sterbelager Ds und wohnte seinem Begräbniss bei; s. c. 22 init.; 8 fin.

Einige Jahre nach dem Tode Ds, etwa 1076, schrieb er das Leben seines Lehrers, aufgefordert dazu von Aliprand, dem zweiten Nachfolger Ds, und seinen übrigen Mitmönchen, denen er auch die Vita dedicirte.[1]) Er unterzog sich der Arbeit, wie er sagt, damit nicht nach kurzer Zeit das Andenken eines so grossen Mannes in dem Dunkel der Vergessenheit völlig verschwände, und weil er jenem in den letzten Jahren am nächsten gestanden habe. Die Vita ist voll Wärme geschrieben und zeugt von der Liebe und Verehrung, die Ds Jünger gegen ihn hegten. Leider berichtet uns Johann überwiegend nur von der mönchischen Thätigkeit seines Lehrers und von Wundern, die er verrichtet haben soll; ganz in der Art anderer gleichzeitiger Legendenschreiber, wie z. B. des Andreas, des Verfassers der Vita Gualberti. Dennoch ist sein Bericht von Werth, da er für die Geschichte der Jugend und der letzten Jahre Ds unsere einzige Quelle ist, und er ferner aus sehr guten Quellen schöpfte. Teils berichtet er nach den Erzählungen Ds selbst, teils eines seiner Mitmönche, der vor ihm der besondere Vertraute desselben gewesen war, und eines Verwandten seines Meisters — einen vir gravis et honestus nennt er ihn; er erzählte ihm das, was Ds Conversion vorhergangen war — teils erzählt er aus eigener Anschauung.[2])

Schon seit 1080 stellvertretend, erscheint Johann seit 1099 ständig als Prior von Fonte Avellana;[3]) als solcher trat er ganz in die Fusstapfen seines Lehrers und that sich besonders durch eine grossartige Mildthätigkeit und übertriebene Askese hervor.[4]) Schon alt und krank wurde er 1105 zum Bischof des benachbarten Gubbio berufen; kaum 1 Jahr hatte er aber als solcher segensreich gewirkt, als er am 7. September 1106 starb.[5]) Auch er gehört zu den Heiligen der katholischen Kirche.—[6])

Die gleichzeitigen Chronisten und Annalisten, die Ds

---

1) Giesebrecht, Kaiserzeit III, 1056 setzt sie „bald nach 1072"; genau lässt sich die Zeit nicht bestimmen, da die Nachfolger Ds, sein Neffe Damianus und Aliprand im Priorat wechselten. Dieser erscheint zuerst 1078 als Prior; vielleicht war er es schon 1076, als jener Cardinal wurde; cf. Mitt. II, 352.
2) Vita Dam. praef. Auch Ds eigene Werke benutzte er: c. 1, 3, 16; die in c. 3 fin. erwähnten opuscula sind verloren.
3) Mitt. II, 352; Fehr a. a. O. p. 191 lässt irrig Johannes an Petrus' Statt zum Prior erwählt werden.
4) Vita Joh. c. 16. 17. 21.
5) Vita Joh. c. 23. 24. cf. Acta Sanct. Sept. III, 149 und Mitt. III, 125.
6) cf. Acta S. Sept. III, 155 ff.

Erwähnung thun, übergehe ich hier, wie auch das ihn betreffende urkundliche Material. Ich berühre hier nur noch die Schriften, die in zusammenhängender Darstellung über. Ds Gesandtschaftsreise nnch Frankreich (1063) handeln. Wir besitzen drei Berichte über dieselbe; zwei von Cluniacensern und einen von einem Fontavellaner Mönch. Der eine von jenen, der kürzere und jüngere,[1]) rührt her von dem unbekannten Verfasser des liber de miraculis S. Hugonis. Seine Schrift ist, wie Lehmann bewiesen hat,[2]) erst nach 1120 geschrieben; er stützt sich hauptsächlich auf ältere Biographen Hugos, giebt aber ausserdem auch Nachrichten über Cluny, die jene nicht haben; dazu gehört auch dieser Bericht über Ds Anwesenheit in Cluny. Da er noch unter Hugo lebte, so kann er jene Nachrichten sehr wohl von diesem oder älteren Mönchen erfahren haben. Wie uns aber seine stark rhetorisirende, ausschmückende und übertreibende Tendenz schon im Allgemeinen zur Vorsicht bei seiner Benutzung mahnen muss, so trägt insbesondere seine Erzählung von D. einen so anekdotenhaften Charakter, dass ich seinen Bericht, dem noch Floto[3]), Pignot[4]) und Lehmann[5]) folgen, ganz ausser Acht lassen zu müssen geglaubt habe.[6])

Ganz anders steht es mit dem zweiten, ausführlicheren Berichte eines ebenfalls ungenannten Cluniacensers, der unmittelbar nach den Ereignissen schrieb.[7]) Seine Angaben werden fast durchgängig bestätigt durch den sehr ausführlichen, ziemlich lebendig geschriebenen, wenn auch mit vielen biblischen Citaten und Vergleichen ausgestatteten Berichte eines Mönches aus Avellana, der D. begleitete. Seine Angaben sind als die eines Augenzeugen von hohem Werth;

---

1) Bibliotheca Cluniacensis p. 460—462; daraus abgedruckt bei Cajetan: Dam. opp. III, 460.
2) Rich. Lehmann „Forschungen zur Geschichte des Abtes Hugo von Cluny", Gött. Diss. 1869, p. 53 ff.
3) Heinrich IV, I, p. 81 n. 1; wie weit entfernt D. davon war, die Lebensweise in Cluny zu tadeln, geht genügend aus den Briefen hervor, die er nach seiner Rückkehr von dort an Hugo und seine Mönche richtete; s. besonders ep. 6,5.
4) Histoire de l'ordre de Cluny II, 59 ff.
5) a. a. O. p. 89 ff.
6) Ich verweise nur darauf, dass D., der büssende, sich peinigende Eremit sich nicht zugetraut haben soll, acht Tage das Leben in Cluny mitzumachen. Schon Mabillon, Annal. Ord. S. B. IV, 639 und Mitt. II, 254 erheben gelinde Zweifel an der Glaubwürdigkeit des Berichts.
7) Bibl. Clun. p. 509—512 und Cajetan, Dam. opp. III, 461—462; nach letzterem citire ich.

auch was er sonst von D. erzählt, wird uns aus dessen eigenen Worten vollkommen bestätigt. Die Person des Verfassers dieser Schrift: „De Gallica profectione Domni Petri Damiani et ejus ultramontano itinere"[1]) ist unbekannt; er bestimmt sie zur Erbauung und der Wahrheit getreu will er berichten.[2]) Der zweite Anonymus Cluniacensis und der Verfasser der Gallica profectio haben in ihren Berichten viel Verwandtes und teilweise wörtlich Uebereinstimmendes, so dass irgend welche Beziehungen zwischen ihnen anzunehmen sind. Ich stelle zur Vergleichung das Folgende gegenüber:

Anon. Clun. p. 461.

Droco scilicet Reverendissimus Ecclesiae Matisconensis Episcopus ... super idem Monasterium *tentabat jus potestatis arripere.*
Vallatus plane cuneis militum, *stipatus agminibus armatorum* .... ad B. Majoli Confessoris Christi Basilicam usque pervenit. (Auch das Anathem ist später erwähnt.)

Tunc Hugo Venerab. Abbas ejusdem coenobii ... tamquam *leprae malae consuetudinis* noviter obrepenti medicamento contradictionis occurrit.

Romanam itaque Synodum impiger adiit, *querelam suam coram sa. Concilio fidelis relator esposuit.*

Gall. prof. p. 194.

Droco siquidem matisconensis Ecclesiae praesul in praefato monasterio illi citae sibi *potestatis jus* quoddam *tentabat arripere.*
— ad tantam audaciam episc. pervenit, ut *armata manu militum constipatus* .... ad monasterium usque pervenisset, ecclesiam S. Majoli quae contigua est monasterio ... anathemate praegavavit.
Tunc venerab. H. ejusdem monasterii pater ... ne hujus *pravitatis lepra quasi pro consuetudine* velut

p. 195.

importunus cancer inserperet .... solam S. Petri festinavit intrare naviculam. Tunc *coram sancto concilio* ... *fida* et honesta *proclamatione* ita suae incommoditatis *querelam deposuit* ..,

---

1) Herausgegeben von A. Mai, Scr. vet. nova collect. VI, b, p. 193 —210; cf. noch Wattenbach „Deutschlands Geschichtsquellen" II, 151. Nur bei Pignot, a. a. O. p. 60 ff., habe ich sie, wenn auch nur oberflächlich, benutzt gefunden; Lehmann hat sie übersehen.
2) Gall. Profect. c. 2 init.

Anon. Clun. p. 461.

.. Cumque sinistrum nuntium eorum ... corda percelleret et ... *tantae religionis*, tamquam celebris famae *locum*, *ne quantumlibet a libertatis statu corrueret, piae compassionis studio formidarent*, inter ceteros Petrus Damianus Ostiensis Episc. *se protinus obtulit* etc.

(In synodo) nonnulla quae perperam videbantur esse consumpta, canonicae sanctionis vigore correxit etc.

Lecta sunt Sedis Apostolicae Privilegia. Inquisiti sunt omnes Episcopi, si Privilegia quae audierant, rata decernerent; omnes uno ore laudaverunt atque ut illibata permanerent ... decreverunt.

Gall. prof. p. 195.

ut ad misericordiam et auxilium corda audientium provocaret. Et *ne tantae sanctitatis locus a suae libertatis tramite vel parum deficeret, piae compassionis intuctu coeperunt singuli cogitare ...*
Tunc venerab. Petrus Damianus ostiens. ep. *inter ceteros protinus se obtulit* etc.
p. 209.
in synodo quaedam sunt ecclesiastica censura correcta, quaedam canonicae sanctionis rigore statuta ...
p. 208.
Rom. Ecclesiae lecta sunt privilegia ... Interrogantur Episcopi, si apostol. sedis rata decernerent privilegia ... Omnes rata etc. ... decreverunt.

Dann lautet auch der Eid Drogos gleich und auch in manchen anderen Sätzen und Wendungen findet sich Verwandtes.

An eine Benutzung der Gall. prof. durch den Anon. Clun. ist nicht zu denken; dies thut schon die abweichende Angabe betreff der Zahl der Geistlichen, die auf dem Concil nach Drogo schworen, dar.[1]) Der Verfasser der Gall. prof.[2]) benutzte vielmehr die Schrift des Anon. Clun., die wir als die officielle Urkunde des Klosters Cluny über die Synode zu Chalons anzusehen haben.[3]) Jedenfalls

---

1) Gall. prof. c. 19: Tunc ipse matisc. episc. cum quinque ejusdem ecclesiae clericis juravit; Anon. Clun. p. 462: Post eum (Droconem) quatuor Eccl. ejusdem clerici jurejurando confirmarunt. Duo autem de septenario numero, qui ad jurandum praefixus erat, remanserunt; unter diesen sieben ist der Bischof offenbar mit eingeschlossen.

2) Der aber ausserdem selbst Augenzeuge der Verhandlungen gewesen sein muss.

3) S. den feierlichen Eingang: In nomine sanctae et individuae Trinitatis etc. Dass das Aktenstück nur von einem Cluniacenser herrühren

steht die Glaubwürdigkeit beider Berichte¹) ausser allem Zweifel. Der Avellaner verfasste seine Schrift jedenfalls in Gallien, ²) denn er berichtet uns gar nichts von der Rückreise Ds von dort nach Avellana, und doch hätte er hier wieder von den Gefahren zu erzählen gehabt, die ihnen durch Cadalus drohten und denen sie nur mit Mühe entrannen. ³)

II.

Petrus Damiani⁴) ist geboren zu Ravenna im Jahre 1007, um die Mitte des Januar.⁵) Als er zur Welt kam, waren seine Eltern⁶) schon reich mit Kindern gesegnet und ihr geringes Vermögen konnte kaum die zahlreiche Familie unterhalten. Auf die Vorwürfe und Aufforderung eines

---

kann, geht daraus hervor, dass über Alles, was auf der Synode ausser der Sache Clunys mit Drogo verhandelt wurde (s. darüber die Bullen Alexanders II., Jaffé, Regesta Pontificum n. 3395 und 3396, Dam. opp. III. p. VII) ganz kurz hinweggegangen wird (p. 461: nonnulla quae perperam videbantur esse consumpta etc.).

1) Jene Differenz betreff der Zahlen ist die einzige: sie lässt sich daraus erklären, dass der Avellaner das duo de septenario numero der Urkunde falsch verstanden hat.

2) Wie es scheint, in Cluny (s. c. 20) nach Beendigung des Concils von Chalons. Dass er nicht tagebuchartig, sondern in einem Zuge geschrieben hat, zeigt die Benutzung der Synodalurkunde im Anfang (p. 194—197) und am Ende (p. 208. 209).

3) Von ihnen berichtet D. selbst in ep. 6,5. — Das redivimus am Ende der Gall. prof. ist nicht mit Mai p. 210 n. 2 zu übersetzen „wir sind nach Avellana zurückgekehrt", sondern „wir traten die Rückreise an."

4) So hat sich sein Name eingebürgert; er selbst nennt sich fast stets Petrus; nur zwei Fälle sind mir bekannt, in denen er sich seines Beinamens bediente: in der Aufschrift der Vita Odilonis (opp. II, 193: Petrus Damiani) und in der Unterschrift einer Bulle Alexanders II. (Petrus Damianus Hostiensis Episc.: vom 10|5. 1067, s. Doublet, Histoire de l'abbaye de S. Denys p. 466). — Damianus und Damiani wechselt auch bei den gleichzeitigen Autoren.

5) op. 57,5: vix plane quinquennio ante meae nativitatis exortum humanis rebus exemptus est Tertius Otto († 23. Januar 1002). Alle anderen Angaben, wie sie sich noch oft, auch bei Gfrörer, Gregor VII. VI, 473 finden, sind unrichtig. — Ueber die ersten Jahre Ds s. Johannis Vita Dam. c. 1 ff.

6) Ueber ihren Stand sagt Johann c. 1 nur: (Petrus), qui nimirum honestis parentibus editus.

ihrer Söhne hiu beabsichtigte deshalb seine Mutter, ihn nicht aufzuziehen und versagte ihm die Nahrung. Als er schon dem Tode nahe war, wurde eine dem Elternhause nahestehende Frau eines Priesters[1]) seine Retterin. Sie machte der entarteten Mutter die heftigsten Vorwürfe über ihr Vorhaben; diese von Reue erfasst, erfüllte nun die mütterlichen Pflichten und wandte dem Petrus alle ihre Sorgfalt zu. Doch nachdem er kaum der mütterlichen Brust entwöhnt war, raubte ihm der Tod Vater und Mutter. Ein älterer Bruder, der zuvor die grösste Liebe gegen ihn geheuchelt, auch vorgegeben hatte, ihn zu seinem Erben einsetzen zu wollen, übernahm nun seine Erziehung; in Wahrheit aber trug er wie seine Frau den grössten Hass gegen Petrus im Herzen und behandelte ihn auf die schimpflichste Weise: Prügel, Faustschläge und Fusstritte waren die Beweise ihrer Gesinnung gegen ihn; Brod „wie es Schweinen geziemte" und elender Wein waren seine Speise; barfuss und in der ärmlichsten Kleidung musste er einhergehen. Als er heranwuchs, wurde er zum Schweinehüten und anderen erniedrigenden Dienstleistungen benutzt.

Doch auch diese Zeit der Prüfung ging vorüber. Ein anderer seiner Brüder, Damianus mit Namen, der vielleicht die Zeit vorher abwesend von Ravenna gewesen war, befreite Petrus aus seiner unwürdigen Lage, der er schon fast erlegen war, und ersetzte von nun an in reichlichem Maasse den Mangel der elterlichen Liebe.[2]) Ob Petrus aus Dankbarkeit von seinem Bruder seinen zweiten Namen Damiani oder Damianus angenommen, — der Camaldulenser Historiograph Fortunius, der im 16. Jahrhundert sonst fast ganz nach Johann über D. schrieb, behauptet es meines Wissens zuerst[3]) — oder nicht, sicher bewahrte er ihm später innige Liebe und Verehrung.[4]) Als beide Mönche geworden

---

1) Vita Dam. c. 1: quae patrii laris erat quasi vernacula.
2) Vita Dam. c. 2.
3) Damiani opera tom. I. p. XXIV; er sagt sogar ganz falsch: ut se Petrum Damiani semper subscriberet; s. oben p. 12 n. 4. Febr a. a. O. p. 199 n. 2 meint zwar: „Wir wissen jedoch nicht, woher der Camaldulenser seine Angabe hat! indess hat diese Annahme unverkennbar vieles für sich." — Ebenso gut ist es möglich, dass Petrus sich nach seinem Vater so benannte; denn auch gegen diesen soll seine kindliche Pietät gross gewesen sein: cf. die Erzählung des Johann c. 2 init. Auch ein Neffe des Petrus heisst Damianus. — Johann sagt c. 1 init. nur: Petrus, praenominatus Damiani.
4) Wie die ep. 5,2 beweist, die Petrus in hohem Alter an Damianus schrieb, wohl nicht als dieser noch Archipresbyter in Ravenna war, wie die A. C. II, 181 (ad ann. 1057) behaupten, sondern als auch er schon

waren, Damian wahrscheinlich auf des Petrus Antrieb, beichtete er ihm seine Sünden und bat für ihn Verzeihung von Gott zu erflehen.[1]) Damian hatte die Anlagen seines Bruders bemerkt und liess ihn nicht nur in den gewönlichen Schulkenntnissen der Zeit unterrichten, sondern gewährte ihm auch die Mittel, die freien Wissenschaften zu studiren.[2]) Die Zeit, in der Petrus sich den weltlichen Studien hingab, zeigte schon Ansätze zu jenem grossartigen Aufblühen der Wissenschaften in Italien gegen das Ende des 11. Jahrhunderts, das die Superiorität dieses Landes über alle anderen in Bildung und Wissenschaft herbeiführte. Trotz aller Stürme, die Italien seit dem Untergange des altrömischen Kaisertums zu bestehen gehabt hatte, war hier, besonders im Norden, niemals der Zusammenhang mit der klassischen Literatur Roms erloschen; besonders seit Karl der Grosse sich der freien Wissenschaften angenommen, war die Hauptvertreterin derselben, die Grammatik und die mit ihr stets verbundene Poesie, in Italien eifrig betrieben.[3]) Zu der Fortpflanzung dieser Studien dienten besonders zwei Arten von Schulen: die Domschulen in den Bischofsstädten und besonders die Italien ganz eigentümlichen Privatschulen, in denen von Privatlehrern — Philosophen hiessen sie oder Magister — die Philosophie, d. h. die Grammatik und Poesie gelehrt wurde, und die von Klerikern und Laien, den Söhnen der begüterten Italiener, besucht wurden. Die beiden anderen Disciplinen des Triviums, die Rhetorik und die Dialektik, wurden zwar damals gegen die Grammatik noch sehr vernachlässigt; doch dass die Rhetorik wenigstens schon eifriger betrieben wurde, dafür zeugen die Person und die Studien des berühmten Anselm von Besate,[4]) sowie Ds häufiges Ankämpfen gegen die Rhetorik in seinen späteren Jahren. Dass auch die Jurisprudenz, die wie die Medicin ihren Ausgangspunkt von den freien Wissenschaften nahm,

---

Mönch geworden (dies war er bereits zwischen 1065 und 1066, als Petrus das op. 33 an Desiderus Abt von Monte-Cassino schrieb, wo er c. 4 sagt: Quocirca quod fratris mei Damiani tunc Archipresbyteri, nunc Monachi relatioue didici. — cf. Anhang z. op. 33.)
 1) ep. 5,2.
 2) Vita Dam. c. 2: quem porro jam licet grandiusculum, litterarum apicibus tradidit imbuendum, nec non et studiis subinde liberalibus. Floto's (Heinrich IV., I., p. 215) irrige Ansicht, er habe ihn auch Priester werden lassen, bedarf nicht der Widerlegung.
 3) S. Giesebrecht, de litterarum studiis apud Italos primis medii aevi saeculis, p. 14 ff.
 4) S. Dümmler, Anselm der Peripatetiker p. 5 ff.

damals besonders in Nord-Italien eifrig betrieben wurde, wie gerade auch in Ds Vaterstadt, hat zuerst v. Savigny nachgewiesen.[1])

Jene Professoren, meist Laien, lehrten, von Staat und Kirche nicht unterstützt, auf eigene Faust und veränderten deshalb auch öfter ihre Sitze.[2]) Ebenso wanderten ihre Schüler, Kleriker und Laien, mit ihnen von einem Ort zum anderen. So sehen wir auch Petrus teils zu Parma,[3]) teils zu Faenza studiren,[4]) vielleicht auch zu Ravenna. Von seinen Lehrern nennt Petrus nur den sonst unbekannten Ivo, der jedenfalls auch ein Privatlehrer war.[5])

Mit solchem Erfolge hatte Petrus seine Studien betrieben, dass er bald selbst ein berühmter und beliebter Lehrer wurde.[6]) Von seiner Gelehrsamkeit, Beredsamkeit, seinem scharfen Witz angelockt, strömten von allen Seiten Kleriker und edle Jünglinge nach Ravenna[7]) herbei, um seine Vorträge zu hören; mit der wachsenden Schülerzahl steigerte sich seine Ehre und sein Reichtum.[8]) Genaueres über das, was Petrus docirte und studirte, wissen wir zwar nicht; doch lässt sich aus seinen späteren Werken mit Sicherheit erkennen — sein für jene Zeit eleganter Stil, seine häufigen Citate aus den alten Autoren, seine Etymologieen, endlich seine Lieder beweisen dies — dass er vor Allem die mit der Poesie verbundene Grammatik betrieb; daneben war wohl Rhetorik sein Hauptfach, da diese sowohl der Grammatik als auch der aufblühenden Jurisprudenz ver-

---

1) Geschichte des römischen Rechts im Mittelalter IV p. 1—5, mit Bezugnahme auf Ds op. 8: de parentelae gradibus; über die enge Verbindung der Logik und Jurisprudenz cf. auch Prantl, Geschichte der Logik im Mittelalter, II, 68—70.
2) S. Giesebrecht a. a. O. p. 17 ff. — D. erzählt op. 45,6 von einem Walter, der in Italien, Deutschland, Frankreich und Spanien gelehrt habe.
3) op. 42,7: cum apud Parmam oppidum liberis artium studiis docendus insisterem und ähnlich in den folgenden Stellen; dort erzählt er, wie ihn die fleischliche Begierde in der Blüthe seiner Jugend versuchte. cf. auch op. 36,14.
4) op. 51,13.
5) op. 45,6; vielleicht ist er identisch mit dem Bischof von Piacenza Ivo (1040—45). Dass der berühmte Philosoph Drogo in Parma Ds Lehrer gewesen, ist unwahrscheinlich, da er erst gegen Mitte des 11. Jahrhunderts lehrte; cf. Dümmler a. a. O. p. 5.
6) Vita Dam. c. 2.
7) Nur hier kann Petrus gelehrt haben; der Zusammenhang der Vita Dam. c. 4 (attamen in patriis finibus prorsus hoc agere — scil. habitum militiae spiritualis assumere — recusabat), auch op. 42,2, wo Petrus einen Juristen aus Ravenna, der versprochen, mit ihm ins Kloster zu gehen, es aber nicht ausgeführt hatte, tadelt — weisen darauf hin.
8) Vita Dam. c. 2. Mitte.

wandt war und von den Juristen jener Zeit eifrig betrieben wurde.[1])

Ueber die Zeit der Lern- und Lehrthätigkeit des Petrus lässt sich mit ziemlicher Gewissheit nur bestimmen, dass er noch 1033 oder 1034 in Parma studirte[2]); wahrscheinlich ist er nur kurze Zeit Lehrer gewesen, denn schon zwischen 1042 und 1044 treffen wir ihn als Vorsteher des Klosters Fonte Avellana.[3])

III.

Mitten in seiner gefeierten Laufbahn als Lehrer der weltlichen Wissenschaften sehen wir plötzlich D. einen Frömmler und bald einen Mönch, Eremiten werden. Welches waren die Motive zu diesem auffallenden Uebertritt Ds aus seiner erfolgreichen und ehrenvollen Thätigkeit in der Welt zu dem alle Freuden derselben verdammenden Mönchsstande?

Es war vor Allem ein allgemeiner Zug der Zeit, dem D. mit diesem Schritte folgte. Bekannt und oft geschildert sind die trostlosen Zustände der Kirche im 10. und Anfang des 11. Jahrhunderts, verursacht besonders durch ihre beiden Grundschäden, die als solche längst anerkannt waren, die Simonie und den Nikolaitismus; ebenso bekannt sind die Versuche, die öfter von Einzelnen und von Ge-

---

[1] cf. Dümmler a. a. O. p. 6. — Auf Grammatik und Rhetorik beziehe ich auch die Worte der Vita Dam. c. 1 init.: cum (Petrus) Pythagorici apicis bivium paululum transcendisset.

[2] op. 42, 7 — Sommer 1059—1060 geschrieben, s. Anhang — erzählt er von einem Kleriker, der mit seiner Concubine neben ihm in Parma gewohnt habe. Nachdem diese 25 Jahre zusammengelebt — dum per quinque fere annorum lustra etc. — seien sie bei dem Brande Parmas „ante annum" umgekommen. Wenn sich also D. nicht in der Zahl 25 geirrt hat, muss er noch 1033 oder 1034 Student in Parma gewesen sein. — Steindorff, Jahrbücher des deutschen Reichs unter Heinrich III., I, p. 145 n. 1 meint unrichtig, Mitt. A. C. II, 40 hätte jene Erzählung Ds von seinem Aufenthalt in Parma in seine Lehrzeit gesetzt, denn I, 378 bezieht dieser jene Geschichte gerade auf seine Studienzeit in Parma. Steindorff ib. nimmt mit Mitt. auch unrichtig 1030 als das Jahr der Lehrthätigkeit Ds an. 1034 kann D. also auch noch nicht Mönch in Fonte Avellana gewesen sein.

[3] S. unten Abschn. IV init.

nossenschaften gemacht wurden, ihnen entgegenzutreten. Ich erinnere nur an die erfolgreichen Versuche der Cluniacenser in Frankreich, die zunächst durch eine Reform der Klostergeistlichkeit die der allgemeinen Kirche anzubahnen suchten; in Italien waren es besonders die Eremiten Nilus und Romuald,¹) die dasselbe Ziel, wenn auch auf etwas verschiedenem Wege und wohl zunächst unabhängig von Cluny verfolgten. In ihnen zeigte sich zuerst die eigentümliche Mischung der mystischen Versenkung des Geistes in das göttliche Wesen und der äusseren asketischen Bussübungen, wodurch sie allmälig den Eindrücken der äusseren Welt völlig abstarben und Kraft gewannen, mit Energie den Ausartungen der Welt- und Klostergeistlichkeit entgegenzutreten. Romuald besonders übte in Ober- und Mittelitalien einen unermesslichen Einfluss, er sammelte allmälig viele Schüler um sich und gründete eine Menge Einsiedeleien, indem er das alte orientalische Institut der Anachoreten wieder ins Leben rief, jedoch in eigentümlicher Verbindung mit dem Cönobitenleben des Abendlandes. Dabei legte er die alte, reine Regel Benedicts von Nursia zu Grunde, verschärfte sie aber in vielen Punkten, besonders in Bezug auf die asketischen Bussübungen. Mit ihrer Hülfe reformirte er manche der alten verweltlichten Benedictinerklöster und konnte schon mit einiger Aussicht auf Erfolg an eine Reformation der Weltgeistlichkeit, überhaupt der Kirche, denken.²) Denn eine gewaltige Kraft übte der schwärmerische mystisch-religiöse Sinn des alten Einsiedlers auf seine Zeitgenossen aus; bekannt ist, wie ausser anderen hohen weltlichen Personen Kaiser Otto III. sich ihm völlig hingab, ja auf sein Drängen hin im Sinne gehabt haben soll, die Kaiserkrone niederzulegen und selbst Eremit zu werden.³) Romuald hatte auch mit Kaiser Heinrich II. in Verbindung gestanden, der eifrig seine Reformationspläne unterstützte.⁴) 1027 war er — 120 Jahre soll er alt geworden sein — gestorben;⁵)

---

1) cf. die Vita S. Nili (Act. Sanct. Sept. VII, 336) und die Vita S. Romualdi von Damiani (Cajetan Dam. opp. II, 206 ff.), s. auch die betreffenden Abschnitte bei Giesebrecht, Kaiserzeit I und über die Gründe von Ds Conversion Vogel, Petrus Damiani p. 6—11, mit dessen Ansicht ich im Wesentlichen übereinstimme.
2) cf. besonders Mitt. A. C. (der 1. Band handelt fast nur über Romuald.)
3) Vita Romualdi c. 30.
4) Vita Romualdi c. 65.
5) cf. Mitt. II, 1—8; D. sagt in der Vita Rom. c. 69, 20 Jahr wäre er Laie, 3 Jahr Mönch, 97 Eremit gewesen; dies ist aber unmög-

der Ruf seiner Heiligkeit war weithin gedrungen und natürlich vor Allem war seine Vaterstadt Ravenna stolz auf ihren berühmten Sohn; von der allgemeinen Begeisterung für ihn konnte auch der für Ideale sich so leicht begeisternde D., der Bürger derselben Stadt,[1]) nicht unberührt bleiben. Mit dieser allgemeinen Zeitrichtung begegnete sich aber bei unserm Petrus ein anderes, persönliches Element, das durch den wunderbaren Uebergang in seinem Leben, aus der erniedrigenden Lage eines Knechtes zu der gefeierten Stellung eines Professors der freien Künste, nur noch hatte erhöht werden müssen. Petrus war ein von Grund aus religiös, sittlich angelegter Mensch; die Schriften, die er uns hinterlassen, lassen uns darüber nicht im Zweifel. Nun war er ein berühmter, vielgesuchter Lehrer geworden, Reichtümer und Ehren strömten ihm von allen Seiten zu; was lag dem leidenschaftlichen Jüngling näher als Verlockungen zur Sinnenlust und Ausschweifung?[2]) Er versuchte Herr zu werden seiner Gelüste,[3]) manche Kämpfe mag er mit sich gerungen haben; da sehen wir ihn denn schliesslich den Weg wandeln, den auch sein nunmehriges stetes Muster Romuald und so manche andere Heilige des Mittelalters eingeschlagen: er beschloss, Mönch zu werden. Schwierigkeiten von Seiten seiner Familie, seiner Freunde und Schüler mochten sich ihm wohl in den Weg legen, auch konnte er noch zweifelhaft sein, wo er das Werk seiner Heiligung beginnen sollte; genug: er setzte vorerst noch sein bisheriges Leben in Ravenna fort, liess aber die weltlichen Studien immer mehr liegen und richtete seinen Sinn schliesslich ganz auf das „Ewige". Vor Allem betrieb er zu dem Zwecke fleissiges Fasten, Nachtwachen und Beten; er trug ein Cilicium unter den weichen Kleidern, teilte reichlich Almosen aus unter die Armen und hatte täglich einige Arme und Blinde bei seinem Mahl zu Gästen:[4]) man sieht, sein Entschluss der Welt zu entsagen, stand fest; und dass er nur ein Eremit werden konnte, war bei seiner Begeisterung für

---

lich richtig, s. Waitz, Praef. zur Vita Romualdi, Mon. Germ. SS. IV, 846 n. 3.
1) famosissimae Ravennae Urbis civis haud ignotus nennt ihn sein Biograph c. 1 init.
2) Vita Dam. c. 2: jam pene potuit horum lenocinio seculari pompae subtrahere, aut illecebris venereis illectus implicari.
3) Eine ähnliche Geschichte wie Johann c. 2 fin. von D. erzählt, wird auch von Bernhard von Clairvaux berichtet und anderen Mönchen: Zöckler, Kritische Gesch. der Askese, 1863, p. 121.
4) Vita Dam. c. 2. 3.

Romuald — der die ganze Welt in eine Einsiedelei hatte umwandeln wollen, wie D. selbst später berichtet[1] — und bei dem allgemeinen Verfall der alten Benedictinerklöster klar. In einer seiner Vaterstadt benachbarten Gegend[2] hatte aber Petrus nicht die Absicht, sein Eremitenleben anzufangen, da er dort in seinem beschaulichen Leben durch Freunde und Verwandte gestört zu werden fürchtete. Während er Gott anfleht, ihm einen Ort für sein Heil anzuweisen, — erzählt der Biograph — kommen gerade zwei Mönche von dem ihm durch seinen Ruf und den seines Abtes schon bekannt gewordenen Kloster Fonte Avallana zu ihm, denen er seinen Plan mitteilt. Durch das mit ihnen geführte Gespräch wird er nur noch mehr zur Verachtung der weltlichen Dinge getrieben und in seinem Entschluss bestärkt; er verspricht schon jetzt fest, sobald als möglich nach Fonte Avellana zu kommen. Ehe er aber seine Reise dorthin antritt, zieht er sich in eine Celle zurück[3] und unterwirft sich 40 Tage lang streng den Regeln der mönchischen Disciplin, wie er sie von jenen Mönchen gehört, um zu erproben, ob er dies neue Leben auch vertragen könne. Nachdem die Probe nach seinem Wunsche ausgefallen, reist er, ohne seinen Angehörigen ein Wort davon zu sagen, nach Fonte Avellana und wird hier freudig aufgenommen.[4]

Ueber die Zeit seines Eintritts ins Kloster lässt sich mit Wahrscheinlichkeit nur bestimmen, dass er nicht vor 1035 stattfand;[5] 1036 oder 1037 wäre aber die äusserste Grenze, wenn die Worte des Johannes:[6] ipso juventutis fervore ad perfectionem monachicam vonvolavit, richtig sind.

Das Eremitenkloster Fonte Avellana,[7] gewidmet dem

---

1) Vita Romualdi c. 37.
2) Das Folgende nach der Vita Dam. c. 4. — Von seiner Conversion erzählt auch D. selbst op. 42, II, 2 fin.
3) Dass Petruss diese 40 Tage in dem Kloster S. Maria in Porto di Ravenna verbracht haben soll, wie Fortunius a. a. O. p. XXV, missverstehend die Worte des Dante, Parad. Canto V. v. 121 „E Pietro peccator fu' nella casa Di nostra Donna in sul lito Adriano", behauptet, hat schon Mitt. II, 347 genügend zurückgewiesen.
4) Von den Seniores, denen er seinen Wunsch, Eremit zu werden, mitteilte; sie sind nicht „Vorsteher", wie Febr a. a. O. p. 203 meint, sondern nur die älteren Mönche, (die wenigstens 40 Jahre dem Mönchsstand angehört hatten und eine besonders geehrte Stellung im Kloster einnahmen; s. Du Cange s. v. Seniores und Sempectae).
5) s. oben p. 16, Anm. 2.
6) Vita Dam. c. 1 init.
7) lat. Fons Avellanus; Mitt. I, 124: locus „prope Fontem, qui

dem h. Andreas, gewönlich aber S. Crucis beibenannt, wahrscheinlich von der besonders dort am Freitage betriebenen Feier des Kreuzes und der Leiden Jesu, war angelegt in einem kleinen, abgelegenen Thale des Apennin zwischen den Bergen Catria und Cornu[1]), einige Meilen nördlich von der alten Bischofsstadt Eugubium,[2]) nordöstlich vom Trasimenischen See. Es gehörte mit zu jenen zahlreichen Stiftungen, die von Romuald und seinen Schülern ausgegangen waren, — von denen ausser Avellana besonders Camaldoli und Vallombrosa einen weiten Ruf erlangten. Ueber die Gründung und die Geschichte Avellanas bis zur Ankunft Ds haben wir nur sehr wenige historische Nachrichten. Die allgemeine Annahme der Aelteren sowohl wie der Neueren ist, dass ein Genosse Romualds, Ludolf, — die Einen halten ihn für einen Deutschen, die Anderen für einen Italiener — Avellana gegründet habe; über die Zeit variiren die Ansichten zwischen 990 und 1019; die Neueren nehmen meist ungefähr 1000 an. Ich gestehe, dass ich bis jetzt diesen Ludolf nicht für eine historische Person halten kann. Was die späteren Nachrichten über ihn beibringen,[3]) beruht nur auf der Autorität des höchst unzuverlässigen Fortunius, der von ihm sogar erzählt, dass er durch sein Eremitenleben der Arianischen Secte habe entfliehen wollen! Auch Jacobillius, der über die Heiligen Umbriens im 17. Jahrhundert schrieb, widerspricht sich selbst über die Abkunft Ludolfs. Mittarelli klammert sich schliesslich noch an die Autorität eines Eugubiner Geschichtsschreibers Griffolini Valeriani aus dem Anfang des 14. Jahrhunderts.[4]) Die Quellen von dessen fragmentarischem Bericht sind aber bis jetzt noch unbekannt, und seine Erzählung, dass sich viele Grosse und Edle von dem Heere Karls des Grossen in Gubbio angesiedelt hätten und dass von einem derselben, also einem Franken, Ludolf abstamme, ist jedenfalls wenig vertrauenerweckend.

---

ad Avellanarum arborum radices scaturiebat." Avellano ital. = „Haselnussbaum".

1) cf. Mitt. I, 186 und Dante's Beschreibung von der Lage des Klosters, das er selber eine Zeitlang bewohnt: Parad., Canto 21, v. 106 ff.: „Tra duo liti d'Italia surgon sassi.... E fanno un gibbo, che si chiama Catria, Di sotto al quale è consecrato un' ermo, Che suol' esser disposto a sola Latria".
2) Martinier, Dictionnaire Géographique s. s. „Fontavelle": „à cinq ou six lieues de Gubbio".
3) s. Mitt. I, 86—88 und 124 ff.
4) s. A. C. I, 124. Valeriani schrieb: „Gesta Eugubinorum ab aedificatione civitatis usque ad annum D. 1300."

Ferner muss ich für völlig unbewiesen die Annahme halten, die Mittarelli weitläufig begründen will,[1] dass Romuald selbst in Fonte Avellana gewesen sei und dort seine Regel verkündet habe. Bei den Worten Ds,[2] die dies bezeugen sollen, ist es doch sehr merkwürdig, dass D. nicht einmal den Namen seines eigenen Klosters angegeben hat, und ferner nicht, dass Romuald dort den Mönchen Gesetze gegeben habe, was die Tradition doch wohl in Avellana aufbewahrt hätte. Die Uebereinstimmung der Regel Fonte Avellanas mit der Camaldolis, der Hauptstiftung Romualds, muss, wenigstens in allem Wesentlichen, zugegeben werden;[3] aber ist es nicht möglich, dass irgend ein Schüler Romualds dessen Regel in Avellana eingeführt, oder dass erst Petrus selbst, der in Allem ein so begeisterter Verehrer und Nachahmer Romualds war, jene Uebereinstimmung herbeigeführt habe? —

Endlich ist die Meinung Mittarellis,[4] dass der berühmte Guido von Arezzo, der Erfinder der Musiknoten, Ds Abt in Avellana gewesen sei, durchaus unbegründet; jener war vielmehr Mönch in Pomposa unter Abt Guido.[5]

So steht nur fest, dass allerdings schon längere Jahre, ehe D. Mönch wurde, die Einsiedelei Avellana bestand — seit wann aber, bleibt völlig im Dunkel —, dass schon vor ihm eine sehr strenge Zucht und Askese dort herrschte, im Anschluss an die allgemeine Richtung der Klosterreformation in Mittel- und Norditalien, und dass vor D. ein Prior Johannes in Avellana war;[6] sehr wahrscheinlich ist endlich, dass von einem Schüler Romualds die Gründung Avellanas ausging.

Kehren wir zu D. zurück. Im Kloster angekommen, wird er einem der Brüder als Noviz übergeben, von diesem mit einem Cilicium — dem härenen Bussgewande der Mönche — bekleidet und dann sogleich zu seiner grössten Verwunderung von dem Abte mit der Cuculla, der Mönchskappe, bekleidet und aufgefordert, das Mönchsgelübde zu leisten,[7]

---

1) A. C. I, 186—187.
2) Vita Romualdi c. 19: Aliquando vir sanctus non longe mansit a Catria. (Cumque ibi aliquamdiu moraretur . . .)
3) Grandius (Damiani opp. I, p. I—XXI) weist dies weitläufig nach.
4) A. C. II, 42 ff.
5) s. Tiraboschi, storia della letteratura Italiana III, 339.
6) Dam. op. 34,6: In hac Eremo fontis Avellani, ubi nunc habito, Prior quidam fuerat, nomine Joannes etc.; er soll einen besessenen Mönch geheilt haben. — Dieser Johann kann aber nicht der Prior gewesen sein, unter dem D. in Avellana eintrat.
7) Vita Dam. c. 4 gegen Ende.

während sonst der Noviziat nach der Regel Benedicts ein Jahr dauern musste. Man sieht, der Abt war seines berühmten Jüngers nicht ganz sicher; er schnitt ihm so auf einmal jede Möglichkeit der Rückkehr zum weltlichen Leben ab. Nach der Erzählung des Johannes [1]) ist es nicht unwahrscheinlich, dass noch jetzt im letzten Augenblicke Petrus schwankte, ob er wirklich den entscheidenden Schritt, über dessen Bedeutung er sich nicht im Unklaren sein konnte, thun sollte; indessen waren diese Bedenken auch sofort wieder verschwunden und voll Freude gehorchte er dem Befehle des Abtes. [2])

Eine neue Periode beginnt nun in dem Leben Ds. So unscheinbar und der Welt unbekannt auch auf den ersten Blick von nun an seine Laufbahn in dem einsamen Kloster auf dem rauhen Apennin sein möchte, war er doch erst jetzt auf den Platz gestellt, von dem aus er nach nicht sehr langer Zeit in das kirchliche Leben jener bewegten Zeit in der bedeutendsten Weise eingreifen sollte.

Nur noch kurze Zeit bleibt uns die Biographie des Johannes die Hauptführerin; sie verlässt uns immer mehr, je grösser die Bedeutung Ds für die allgemeine Geschichte wird; an ihre Stelle treten dann seine zahlreichen Briefe und Werkchen, deren Benutzung uns dadurch aber erschwert wird, dass eine Datirung derselben dem Orte und der Zeit nach fehlt und wir nicht immer in der Lage sind, diesen Mangel in genügender Weise zu ersetzen. —

Eine Beschreibung der Regeln Avellanas, wie sie zur Zeit des Eintritts Ds üblich waren, giebt uns Johannes [3]). Die Eremiten — wenige waren es an Zahl [4]) — wohnten, jedoch abgesondert von einander, je zwei in einer Celle; dort befleissigten sie sich der mönchischen Uebungen, wie des Psalmensingens, Betens, Lesens der heiligen Bücher und Fastens. Das Letztere bestand darin, dass sie vier Tage in der Woche nur Wasser und Brod und auch hiervon nur so viel als vorgeschrieben war, genossen; am Dienstag und Donnerstag durften sie ausserdem weniges Gemüse essen. Weingenuss war ihnen völlig verboten [5]); stets mussten

---

1) Vita Dam. c. 4 fin. und 5 init.
2) Gregorovius, Geschichte der Stadt Rom im Mittelalter, IV, 100 nimmt willkürlich an, D. sei erst Mönch, dann Eremit geworden. In Fonte Avellana selbst aber gab es keine Cönobiten.
3) Vita Dam. c. 5.
4) ib. c. 6 init.
5) Sehr naiv und interessant ist die epist. 6,23, wo Petrus einem Mönch, der deswegen, weil er in Avellana keinen Wein mehr trinken

sie barfuss gehen; sie geisselten sich, „soviel Eifer und Kraft ein jeder dazu hatte"; auch für die Vigilien gab es bestimmte Regeln.

Mit voller Hingebung, ja wahrhaftem Feuereifer, gab sich Petrus diesen nach der Ansicht der Mönche, überhaupt der damaligen vorherrschend religiös-asketischen Geistesrichtung, frommen und verdienstlichen Uebungen hin, deren Zweck sein sollte, alle weltlichen und sündhaften Gedanken auszutilgen,[1]) den sündigen Menschen immer mehr der Gottheit zu nähern. Bei dieser Ansicht war es sehr natürlich, dass der sich am meisten um sein Seelenheil verdient zu machen glaubte, der in jenen äusseren Werken sich am meisten hervorthat, und so suchte auch D., soviel er konnte, noch die Strenge und Härte jener Regeln zu überbieten; selbst die alten Mönche übertraf er weit an Fertigkeit besonders im Fasten und Nachtwachen.[2]) Kein Wunder, dass er sich durch solche Ueberanstrengungen eine schwere Gehirnkrankheit zuzog. Als er von ihr genas, setzte er, klüger gemacht, seinen Uebungen ein vernünftiges Maass und beschäftigte sich in der Zeit, die er nicht jenen widmete, besonders viel mit dem Studium der heiligen Schrift. Sein Ruhm in ihrer Kenntniss übertraf nach Johannes[3]) bald noch den, den er in den weltlichen Wissenschaften genossen hatte.

So war es möglich, dass die Predigten, die er auf Befehl seines Abtes vor den übrigen Mönchen hielt,[4]) seinen Ruf bald weit über die Mauern seines Klosters verbreiteten. Ein anderer, um die Reformation der Kirche hochverdienter Mann, den auch Kaiser Otto III. sehr verehrt hatte, Guido, der Abt des berühmten Klosters Pomposa[5]) — nördlich von

---

durfte, dort nicht eintreten will, die Vorzüge und den Nutzen des Wassers und die Nachteile des Weines auseinandersetzt.

1) Vita Dam. c. 5: Nam dum inolitum vitiorum funditus certaret exulare, cuncta moralium ipsius loci exercitationum genera ... gestiebat ... complere.

2) Wohl nicht mit Unrecht bezieht Mitt. II, 52 die Worte in op. 19,5 (p. 215 b): memini enim saepe me ita divini amoris igne succensum etc., wo D. von ihm zu Teil gewordenen Visionen Christi erzählt, auf diese erste überschwängliche Zeit seines Mönchtums, in der er sich selbst zuweilen fast dem Erdenleben entrückt glaubte.

3) Vita Dam. c. 5 fin.

4) An ein bestimmtes officielles Amt ist wohl dabei nicht zu denken; wäre er Prior Claustrensis gewesen, so hätte er nicht sein Kloster verlassen können.

5) S. über ihn und Pomposa Steindorff a. a. O. p. 249 ff. und über seine letzten Jahre (er stirbt 31|3 1046) p. 288. — Höfler, die deutschen

Ravenna unweit des Adriatischen Meeres gelegen — erbat sich Petrus von dem Avellaner Abte aus, um seine zahlreichen Mönche — an 100 sollen es gewesen sein — durch Lehre und Predigt zu unterweisen. Fast zwei Jahre wirkte Petrus dort in der erfolgreichsten Weise[1]; dann wurde er von seinem Abte zurückgerufen und obgleich ihn die Mönche von Pomposa dringend baten, noch dortzubleiben, folgte er gehorsam jenem Gebot.[2]

Nach wohl nicht langem Aufenthalt in dem heimatlichen Kloster schickt ihn sein Abt nach dem Kloster des h. Vincenz,[3] um auch hier durch sein Wort für die Besserung der mönchischen Disciplin zu wirken, die seit dem Tode Romualds durch die grosse Menge der Mönche und den steigenden Reichtum in Verfall gerathen war. Auch hier hatte er bedeutenden Erfolg.[4] Eine für uns besonders werthvolle Frucht seines Aufenthalts in diesem Kloster ist die 1042[5] geschriebene Vita des h. Romuald, dessen Andenken dort, wo er selbst gewirkt hatte,[6] besonders in Ehren gehalten wurde.

Nach Avellana zurückgekehrt, wurde Petrus von seinem Abt — der ihn sehr lieb gewonnen hatte[7] — wegen seines ungemein ausgebreiteten theologischen Wissens und kirchlichen Eifers mit Zustimmung des Convents trotz seines aufrichtigen Widerstrebens zu seinem Nachfolger designirt.[8]

Päpste p. 264 macht irrig D. zu einem Schüler Guidos. — Den Guido erwähnt D. später noch zweimal: er nennt ihn op. 13,21 vir sanctus; op. 6,29 spricht er von Wundern, die an seinem Grabe geschehen seien.

1) S. Vita Dam. c. 6. Auch op. 29 praef. berührt D. seine dortige Lehrthätigkeit; op. 13,21 und 49,9 erzählt er nur unbedeutende Geschichten von seinem Aufenthalte in Pomposa. — Die Vita Guidonis bei Mabillon Act. Sanct. O. S. B. Saer. VI, P. I, p. 350 ff. erwähnt den Aufenthalt Ds bei Guido nicht.

2) D. hielt sich etwa 1039—1041 in Pomposa auf; 1042 treffen wir ihn in S. Vincenz.

3) Neben einem Petra Pertusa genannten Felsen im Gebiet von Urbino in gleicher Entfernung von dieser Stadt und von Fossombrone angelegt: Mitt. II, 62. — Schon früher einmal war D. mit seinem Abt dort gewesen: Vita c. 5.

4) Ueber die Dauer seines dortigen Aufenthalts sagt Johann c. 6 nur: aliquamdiu ibi commoratus.

5) Ueber Zeit und Ort ihrer Abfassung s. den Prolog der Vita Rom. und c. 57 init. derselben. Waitz, Mon. Germ. SS. IV, 847 lässt die Vita circa 1040, Fehr a. a. O. p. 212 irrig zu Pomposa verfasst sein.

6) S. Vita Rom. c. 43.

7) Vita Dam. c. 5 „quem diligebat tamquam unicum".

8) Gfrörer, Gregor VII., VI, 473 ff. redet von verborgenen Lenkern, die planmässig bis jetzt Ds Laufbahn seit seiner Conversion geleitet hätten. Ich habe davon nichts finden können. — Jedenfalls behauptet

IV.

Bald darauf, als der Abt starb, trat Petrus wirklich in seine Stelle ein[1]); wann, lässt sich mit ziemlicher Sicherheit bestimmen aus der Zeit seines Aufenthalts in Vincenz 1042 und aus einem Briefe, den er an den Erzbischof Gebhard von Ravenna richtet, in dem er von dem eben übernommenen Priorat redet.[2]) Gebhard aber starb während des Jahres 1044,[3]) und so wird 1043 ungefähr das Jahr sein, in dem Petrus seine erste kirchliche Würde erlangte.

Fortan, seit Petrus den Priorat übernommen, sehen wir ihn allmälig immer einflussreicher auf den Gang der allgemeinen Ereignisse in der Kirche einwirken. Seine Thätigkeit beschränkt sich nicht mehr auf die Reformation der Klostergeistlichkeit, auf die Fürsorge für sein eigenes Kloster und die bald entstehende Congregation von Fonte Avellana; wie sein Vorbild Romuald und wie die übrigen Häupter der Eremiten in Italien[4]) richtete er sein Augenmerk auf eine

---

er falsch (ihm folgt auch Fehr a. a. O. p. 213), der jedesmalige Oberabt (?) von Avellana habe seinen Nachfolger ernannt, damit die Leitung des Ordens (?) stets in fähigen Händen verbleibe. Vielmehr wurde dort der Abt von dem gesammten Convent gewählt; cf. Vita Johannis Laud. c. 16 (Sarti a. a. O. p. 73): communi fratrum unanimitate in Priorem eligitur. Eine vorherige Designation seitens des Vorgängers mit Zustimmung der übrigen Eremiten war darum nicht ausgeschlossen. — D. ist auch nicht vorher Prior geworden, ehe er Abt wurde, wie oft behauptet ist (so von Schröckh, Christliche Kirchengeschichte XXII, 526, Helfenstein, Gregors VII. Bestrebungen nach den Streitschriften seiner Zeit p. 140), denn in Avellana gab es keinen Unterschied zwischen Prior und Abt.

1) Vita c. 7 init. — Für den Vorsteher in Avellana finden sich bei Johann mehrere Bezeichnungen: Abbas, Prior, Magister, Senior; Prior ist die gebräuchlichste.
2) ep. 3,2.
3) S. unten Abschn. V.
4) Gfrörer a. a. O. p. 473 behauptet jedenfalls falsch, dass die Klöster Mittel-Italiens, die der Reform Romualds gefolgt wären, „einen Bund unter sich geschlossen hätten, um durch gemeinschaftliche Thätigkeit die verfallene Zucht des Klerus herzustellen, das Grundübel der Simonie auszurotten, die Kirche vom Joche des Staates zu befreien". Es bestand weder ein Bund unter den Eremitenklöstern Italiens, sonst fänden wir doch Avellana irgend einmal zu Ds Zeit in Beziehungen zu Camaldoli und Vallombrosa; noch lag die cluniacensche Tendenz der Befreiung der Kirche vom Staate den Eremiten nahe, wie das Beispiel Ds am besten zeigt. — Auch Gregorovius a. a. O. p. 100 schlägt meines Erachtens die Thätigkeit der Eremiten viel zu hoch an: „Der Einfluss der Ere-

Besserung der Sitten der höheren und niederen Weltgeistlichkeit, auf die Heilung der Grundübel der Kirche, der Simonie und des Nikolaitismus. Sein energisches, furchtloses Ankämpfen gegen sie bewirkte es, dass er später die höchsten Würden der römischen Kirche erklomm, dass er die wichtigsten Aufträge der Curie zu erfüllen hatte; aber immer blieb er vor allem Mönch,[1]) stets sehnte er sich nach den Bussübungen und der Contemplation des einsamen Avellana zurück, und er gab sich nicht eher zufrieden, als bis er die ersehnte Ruhe dort wiederfand, hatten sich ihm auch noch so viele Hindernisse in den Weg gestellt.

Das Mönchs- und speciell das Eremitenleben, wie es sich durch Romualds Thätigkeit teils auf Grund der alten Benedictinerregel teils im Gegensatze zu ihr herausgebildet hatte, war Ds Ideal. Er leitet seinen Ursprung her von Moses und Elias, von Christus, Paulus und Johannes dem Täufer;[2]) unter allen Wegen zu Gott zu gelangen, hält er dies für den besten, da es alle Gelegenheit zum Sündigen nähme und mit Notwendigkeit dazu führe, das Gute zu thun.[3]) Wiederholt stellt er den Eremiten hoch über den Cönobiten; der Aufenthalt im Monasterium ist nach ihm nur eine Vorbereitung und Vorstufe für den in der Einsiedelei.[4])

Bei so hohen Ansichten von dem Werth seines Standes kann es nicht Wunder nehmen, dass D. so viele Menschen als möglich für ihn zu gewinnen suchte, durch Wort und Schrift; eine Menge von Briefen an Laien und Weltgeistliche hohen und niederen Standes zeigt uns seinen Bekehrungseifer.[5]) Wie grossen Erfolg er hierin hatte, zeigt der

---

miten auf alle, selbst die politischen Verhältnisse jener Zeit grenzt ans Räthselhafte, und kann vielleicht nur mit dem der Prophetenschulen des alten Testaments verglichen werden."

1) So unterschreibt D. fast stets als Petrus peccator monachus.
2) S. op. 15,2.
3) cf. op. 15 init; überschwänglich preist er das Eremitenleben Sermo 59 (opp. tom. II, p. 151b und 152a) und op. 11,19: solitaria vita caelestis doctrinae schola est, ac divinarum artium disciplina. Eremus est paradisus deliciarum etc., und sonst oft.
4) ep. 6,12; cf. op. 46 praef., Sermo 69 (opp. II, p. 181), ep. 6,22 (I, 103a), op. 15 praef. und c. 29 init.; op. 14 (p. 163a) stellt er die monasterialis laxitudo der eremitica districtio entgegen. Er bestimmte, dass zu seinem Nachfolger in Avellana nur ein Eremit, kein Cönobit gewählt werden sollte, möchte er auch noch so verständig, gelehrt und bewandert in der mönchischen Zucht sein: op. 15,28.
5) Dem Bischof Gisler von Osimo kündigt er sogar die Freundschaft auf, wenn er seinem Wunsche, ihm in die Einöde zu folgen, nicht nachkommen würde: ep. 4,4.

steigende Zudrang von Eremiten nach Avellana. D. gründete deshalb in den nächsten Jahren mehrere Klöster rings um Avellana herum und vereinigte sie nach dem Muster der Camaldulenser und Vallombrosaner — die Congregation von Cluny war hierbei von Einwirkung gewesen [1]) — mit dem Mutterkloster zu der Congregation von Avellana. Er konnte dabei vollständig frei schalten, da Avellana von der Jurisdiction des Bischofs von Gubbio, in dessen Diöcese es lag, eximirt [2]) und auch von keinem anderen Kloster abhängig war.[3])

So enstanden durch D. das Eremitenkloster Suavicinium bei Camerino, [4]) ein anderes auf dem Berge Pregium im Gebiet von Perugia; nicht weit von Faenza gründete er zwei Klöster neben einander — nach dem Muster Romualds — Gamugnium für Eremiten [5]) und Acereta für Cönobiten, doch so, dass jenes unter dem Abt von Acereta stand;[6]) ferner bei Rimini das Kloster des h. Gregorius zu Concha.[7])

Von anderen Klöstern seiner Congregation kennen wir noch das Eremitenkloster Ocri im Gebiet von Sarsina,[8]) das Kloster Campi-Regii bei Gubbio,[9]) das später das Haupt

---

1) S. Giesebrecht II, 408.
2) S. Sarti a. a. O. p. LXXXVI.
3) Viel ist darüber gestritten, ob Avellana der Congregation von Camaldoli zuzurechnen sei oder nicht (cf. Mitt. VIII, 528); aber erst 1569 wurde jenes mit dieser vereinigt, und die Verwandtschaft der Regeln beider Orden beweist nichts.
4) op. 15,6 (opp. III, 167a); das sinnlose juxta suam vicinam rupem in der Vita Dam. c. 7 ist darnach zu verbessern.
5) Eine Schenkungsurkunde an dies Kloster vom Bischof Petrus von Faenza und eine andere von Johann, Abt des benachbarten Klosters de Saltu, beide aus 1063 — s. Mitt. II, App. 188 und 191; (jene nicht aus 1061, wie Ficker, Forschungen zur Reichs- und Rechtsgesch. Italiens III, 111 sagt.)
6) Doch stellte D. Gamugnium später selbständig und teilte die bis dahin gemeinsamen Besitzungen beider Klöster unter sie: s. die Urkunde Ds bei Mitt. II, App. 171; über die Datirungszeit (1060 oder 1061) ib. II, 234.
7) Diese 4 Klöster nennt Johann in der Vita Dam. c. 7. — Nach Mitt. II, 334 ist das in loco Murciano erbaute Kloster eben das von Concha; es erhielt 1069 reiche Schenkungen von einem Edlen Petrus zu Rimini (die Urkunde, in D. mit reichen Lobsprüchen bedacht wird, s. Mitt. II, App. 221); zum Dank dafür verfasste D. ein Epitaphium auf den Vater jenes Petrus, Benno (opp. IV, carmen 214). — 1071 trat D. das Kloster an den Bischof Opizo von Rimini ab; die sehr unvollständige Urkunde s. Mitt. II, 339.
8) Ein Privileg für dies Kloster von Papst Leo IX. (es ist undatirt) in Dam. opp. III, VII (Jaffé, Regesta Pontificum n. 3276).
9) cf. Mitt. II, 147; ib. p. 261 wird eine Bulle P. Alexanders II. für dies Kloster erwähnt, in der auch er die Mönche ermahnt, nie von der

einer besonderen Congregation wurde, und Sitria unweit Avellana.

Ob schon damals das Kloster Monte-Cornü bei Penna unter Avellana stand, ist mir ungewiss.¹) Auch von Papst Nicolaus II. erhielt D. die Leitung zweier, sonst unbekannter Klöster.²) In den von ihm gegründeten Klöstern setzte er zuerst selbst die Prioren ein;³) doch scheinen sie später von den Mönchen gewählt zu sein, wenn auch unter bestimmender Mitwirkung des Oberabtes D.⁴) Dieser behielt sie aber stets unter seiner Oberaufsicht durch Visitationsreisen, Briefe⁵) oder Sendungen seiner ihm am nächsten stehenden Schüler.⁶)

Aber nicht nur auf seine eigene Congregation erstreckte sich Ds mönchische Thätigkeit; auch in manchen anderen Klöstern wirkte er reformatorisch, so in dem Kloster de Monte-acuti bei Perugia;⁷) auch in S. Vincenz, wo er schon als einfacher Mönch gelehrt hatte, führte er strengere Regeln ein.⁸)

Ausserdem suchte er durch seine Schriften, die besonders zahlreich an ganze Convente und einzelne Mönche erhalten sind, auf die Besserung der klösterlichen Zucht einzuwirken; im Ganzen sind es ausser Cluny zwar nur italienische Klöster, mit denen er in Verbindung steht, doch findet sich auch ein Schreiben an Mönche in Canstan-

---

Liebe zu Avellana abzulassen (aus 1062; bei Jaffé a. a. O. fehlt sie). — Ueber Sitria s. op. 13,23.

1) Mitt. II, 151 nimmt es ohne Beweis an.
2) op. 19 praef.: utrumque vobis monasterium reddo; auch die Worte der Gall. prof. c. 6 init.: omnes eremos quas vel fecerat vel suo patrocinio gubernabat weisen darauf hin, dass er auch andere als von ihm gegründete Klöster unter seiner Leitung hatte.
3) In den Cönobien heissen sie Abbates, in den Einsiedeleien Priores; s. die obengenannte Urkunde Ds für Gamugnium.
4) cf. ep. 6,9 init.
5) So op. 54 u. ep. 6.32 an die Gamugneser.
6) Vita Dam. c. 7. — War er von Avellana abwesend, so setzte er hier Viceäbte ein: cf. op. 47,5 init.; ep. 6,22 (Tom. I, 103a).
7) op. 15,12 in Perusino Monasterio sancti Salvatoris, cui nuper et ipse praefui.
8) ep, 6,32 (opp. I, 115a): hoc tamquam regulare constitueramus edictum etc. Nicht aber, wie Gfrörer, a. a. O. VI. 473 annimmt, stand S. Vincenz unter seinem Priorat; denn D. sagt dort: Cumque Abbas nobiscum etc. — Seine Anhänglichkeit an dies Kloster zeigt er auch in einem Briefe an den Markgraf Bonifacius von Tuscien: ep. 7,15: In hoc monasterio evidenter appareat, si apud vestrae Celsitudinis aures majus aliquid impetrare mea humilitas valeat. Fehr a. a. O. p. 212 ff. beurteilt das Verhältniss Ds zu S. Vincenz unrichtig.

tinopel,¹) die ihn in irgend einer Sache um Rath gefragt hatten. In besonders treuem und freundschaftlichem Verkehr blieb er mit dem Kloster Pomposa, das er seit seinem dortigen Aufenthalte als einfacher Mönch besonders lieb gewonnen hatte. In einem Briefe an die Mönche von Pomposa²) versichert er sie seiner innigen Liebe zu ihrem Kloster, er bittet sie, ihn und seinen ganzen Convent als ihre Angehörigen und Untergebenen anzusehen und nach seinem Tode sein Gedächtniss ebenso zu bawahren, wie sie das ihrer eigenen Brüder in Ehren hielten. In anderen Briefen³) macht er sie auf Uebelstände in ihrem Kloster aufmerksam und feuert sie an zu streng mönchischem und frommem Leben.

Bei allem Sorge für die Reform des Klosterlebens in Italien blieb ihm aber vor Allem stets sein Fonte Avellana lieb und theuer; sein Blühen und Gedeihen lag ihm besonders am Herzen.⁴) Was er für sein Kloster gethan, um den Mönchen alles zum Eremitenleben Notwendige zu verschaffen, berichtet D. selbst. In grösster Armut sei das Kloster gewesen, als er seine Leitung übernommen;⁵) er habe es mit Ländereien ausgestattet, damit die bestimmte Zahl der Brüder immer unterhalten werden könne; zu ihrer Erbauung und Belehrung habe er eine ansehnliche Bibliothek gesammelt — sie enthielt natürlich nur theologische und kirchliche Bücher; er zählt auf das alte und neue Testament, die Passionsgeschichten der Märtyrer, die Predigten der h. Väter, Commentare der Kirchenväter zur Bibel⁶) —, er selbst habe diese Schriften zum besseren Verständniss der Mönche teilweise corrigirt; endlich habe er ein Cönobium neben der Kirche erbaut⁷) und beide mit allem notwendigen Geräth für Gottesdienst und Processionen versehen.⁸)

---

1) ep. 6,13.
2) ep. 6,6: Religiosissimis et sanctis viris omnibus qui Pomposiae Deo deserviunt.
3) op. 13; op. 29; op. 48.
4) Vita Dam. c. 7.
5) ep. 3,2: ego pauperculum locum ad regendum suscipiens etc.
6) op. 15,18 befiehlt er den Mönchen, die grösste Vorsicht bei dem Gebrauch dieser Bücher zu beobachten, nicht die Hände auf die Buchstaben zu legen u. s. w.
7) Hier im Hauptkloster wie in der Kirche kamen die Mönche nur an den Festtagen zusammen; der gewöhnliche Aufenthalt war die Celle. Ueber den Bau der Klöster der Camaldolenser und Fontavellaner vgl. Wetzer und Welte, (Freiburger) Kirchen-Lexicon VI, 228.
8) op. 14 fin.

So viel Mühe D. auch hierauf verwandte, die Hauptsache blieb ihm eine möglichst vollständige Reinigung seiner Mönche von allem weltlichen Sinn und aller weltlichen Lust, die nach ihm gleichbedeutend mit Sünde war; darauf zielte seine Regel ab. Als Grundlage diente auch ihr die ursprüngliche Benedictinerregel,[1]) nach der von Romuald ihr gegebenen Gestalt aber enthielt auch sie im Ganzen nur auf eine überaus weitgetriebene Askese hinweisende Bestimmungen. D. selbst zeichnete in zwei Schriften[2]) die Hauptregeln seines Ordens auf; die eine ist zum Gebrauch für spätere Geschlechter, die andere, weitläufigere, zur Erbauung bestimmt und durch die darin enthaltenen Beispiele von Muster-Eremiten zur Nacheiferung anzufeuern.

Bekannt ist, wie besonders die Selbstgeisselung in pönitentialer und rein asketischer Anwendung zu den beliebtesten und vollständig methodisch getriebenen Uebungen in Avellana gehörte,[3]) wie D. der eifrigste Verteidiger und Verbreiter dieser nach ihm am meisten gottgefälligen Sitte war. Sie fand vielfach bei seinen Zeitgenossen Eingang und Verbreitung und nicht nur in den Klöstern, auch edle Männer und Frauen geisselten sich;[4]) bekanntlich fand später die Geisseldisciplin allgemeine Aufnahme bei den neu entstehenden Praemonstratenser- und Bettelorden und in der zweiten Hälfte des Mittelalters spielte sie eine noch grössere Rolle durch die eigentümliche Erscheinung der Flagellantenzüge, die merkwürdigerweise von Perugia, unweit Fonte Avellana, ausging.[5])

Doch treten schon zu Ds Lebzeiten sowohl Laien als Geistliche auf, die mit seiner Ansicht über die Verdienstlichkeit dieser Disciplin nicht einverstanden waren; so ein sonst unbekannter Mönch Petrus, der mit Wort und Schrift gegen die Selbstgeisselung agitirte,[6]) auch mehrere Floren-

---

1) D. selber betrachtet sich als dem Benedictinerorden angehörig; s. Mabillon, Annales Ord. S. Bened. IV, 439.
2) op. 14 und 15.
3) Näher auf diese fast zu einer Wissenschaft in Avellana gewordene Uebung wie auf die sonstige dort getriebene Askese einzugehen, ist hier nicht der Ort; am vollständigsten behandelt diese Materie auch besonders mit Rücksicht auf D. Zöckler, Kritische Geschichte der Askese, Frankfurt 1863 (p. 22. 37. 40—44. 55. 76. 259—261. 300. 330); cf. auch Vogel, Petrus Damiani p. 11—13 und Gregorovius a. a. O. IV, 101—104.
. 4) cf. op. 50,14 fin. — op. 43 praef.: multitudines urbium atque villarum id ipsum plausibiliter arripiunt institutum (scil. Apostolicorum verberum disciplinam.)
5) cf. Hase, Kirchengeschichte, p. 326.
6) Gegen diesen Petrus, den er mit dem Beinamen Cerebrosus schmückt, liess D. die ep. 6,27 los; er schreibt darin u. A. wenig ge-

tiner Mönche,[1]) ferner ein Casinenser Mönch, Cardinal Stephan.[2]) Diesen frevelhaften Verächtern einer so heilbringenden Selbstquälung gegenüber und sonst[3]) kann D. nicht genug den Nutzen einer weitmöglichst getriebenen[4]) Geisselung für die Seele preisen, er hält sie am geeignetsten für Busse und Abtödtung des sündigen Fleisches, er verteidigt sie sogar mit dem Beispiele Jesu, der Apostel und der Märtyrer.

Ausser dem Geisseln wurden als hauptsächliche Buss- und asketische Uebungen betrieben das Fasten,[5]) die Nachtwachen, das Psaltersingen, Beten und Schweigen; über das Alles, sowie über die Kleidung und das Benehmen der Mönche in ihren Cellen und den einzelnen Räumen des Klosters enthielt die Regel sehr genaue Bestimmungen; der strengste Gehorsam gegen den Prior war eine Hauptpflicht.

Auch Laienbrüder — famuli oder conversi nennt sie D. — gab es in Avellana, die die nötigsten häuslichen Geschäfte verrichteten; sie waren etwas milderen Bestimmungen unterworfen als die Eremiten, aber auch sie band ein Schwur auf Lebenszeit an das Kloster. Ihrer gab es dort in der Regel 15, eigentliche Eremiten 20.[6])

Vor Allem eiferte D. streng gegen alle Beschäftigung der Mönche mit weltlichen Dingen und weltlicher Wissenschaft. Als Mönch war er selbst ein abgesagter Feind der freien Wissenschaften geworden, die er doch früher selbst mit so grosser Liebe gepflegt hatte. Sehr viele Aeusserungen finden sich in seinen Schriften, die die weltlichen Wissenschaften als Verdammenswerthes und Teufelswerk hinstellen, mit dem sich kein ächter Christ abgeben dürfe; er bezeichnet einmal die artes liberales als non studia sed stultitiae.[7])

---

wählt: Plurimum fel in nos nuper evomuisti, dicens et scribens, quod vesani utique capitis videatur ebullire furorem etc. Darum war dieser Petrus aber nicht „ein armer Mensch, dessen Hirn beim Geisseln gelitten hatte", wie Vogel a. a. O. p. 12 meint.
1) S. ep. 5,8.
2) op. 43 de laude flagellorum ist gegen ihn gerichtet.
3) S. noch op. 51,9.
4) Er meint sehr naiv ep. 6,27 (I, 108a): satis enim absurdum est, ut cujus rei pars minima grate suscipitur, maxima reprobetur.
5) Auch Ds übertriebene Ansichten über den Werth des Fastens fanden viele Gegner, wie er selbst op. 55,7 bezeugt.
6) op. 14 (T. III, 161a).
7) op. 45 praef.; op. 11,1 sagt er u. A.: cedant in suas tenebras omnes terrenae sapientiae faecibus delibuti! Aehnliche Aenssungen s. op. 45,8; op. 36,5 und 12; op. 44,4; op. 53 praef.; op. 58, c. 1—3; ep. 8,8 praef.

Dass er so gründlichen Abscheu vor ihnen an den Tag legte, hängt einmal damit zusammen, dass in Italien bis auf seine Zeit die Theologie auf das Aergste den freien Künsten gegenüber vernachlässigt,¹) und eine Reaction dagegen unvermeidlich war, dass D. die allgemeine Sittenlosigkeit unter dem Klerus und die Verderbtheit seiner Zeit sehr leicht mit aus jener Thatsache herleiten konnte; andrerseits aber ist, wie bekannt, durch das ganze Mittelalter hindurch bei sehr vielen kirchlich frommen Männern und besonders bei Mönchsfürsten eine ängstliche Vermeidung jeder weltlichen Wissenschaft bemerkbar.²)

Dennoch dürfen wir nicht glauben, dass D., so oft er auch in seiner phantastischen, überspannten Weise gegen die freien Wissenschaften ankämpft und eifert, nicht den Nutzen ihres Studiums für die „göttliche" Wissenschaft selbst eingesehen habe. In einer Schrift contra inscitiam et incuriam Clericorum³) klagt er bitter darüber, dass so viele Priester durch die Schuld der Bischöfe so unwissend seien, dass sie nicht nur nicht das verständen, was sie ihren Gemeinden vorläsen, sondern überhaupt kaum lesen-könnten;⁴) er stellt ihre Unwissenheit auf gleiche Stufe mit ihrem schlechten Leben; das eine sei so verdammenswürdig wie das andere. Vor Allem aber ist bemerkenswerth, dass D. seinen eigenen Neffen Damianus, den er zum Mönch bestimmt hatte, nach Frankreich schickte, um ihn dort in den freien Wissenschaften unterrichten zu lassen.⁵) Seinen späteren Freund Hildebrand lobt er einmal, dass er eifrig das Studium der Philosophie und der Dichter betreibe, und hält die Kenntniss derselben zu der Erklärung der Bibel für sehr nützlich.⁶) Mit dem Abt Desiderius von Monte-Cassino, dessen eifriges Streben für die Blüthe der weltlichen Wissenschaft ihm nicht unbekannt sein konnte, steht er trotzdem in den innigsten Beziehungen.⁷)

Gegen die Weisheit der Juristen redet er op. 8, (Diss. I), c. 6 fin. und c. 7 fin.
1) Giesebrecht, de litterarum studiis p. 21.
2) cf. Zöckler a. a. O. p. 252. Wattenbach, Deutschlands Geschichtsquellen I, 240 und sonst.
3) op. 26.
4) op. 26 praef.: per Episcopalis enim torporis ignaviam ita nunc presbyteri litterarum reperiuntur expertes etc.
5) ep. 6,3.
6) op. 32,9 fin.
7) op. 16 praef. rühmt er von dem Bischof Guido von Umana: non solum sacris eloquiis sed etiam artium liberalium studiis eruditus. — cf. op. 6,18 (opp. III, 56): Alius Presbyter erat nullius pene momenti, ita ut saecularis prudentiae ne tenui quidem calleret ingenio etc.

Dies wird genügen, um zu erkennen, dass D. doch auch dem Studium der freien Wissenschaften seine Berechtigung zugestand. Aber er will sie durchaus nur betrieben wissen als Dienerin der Theologie, als ihre unentbehrliche Grundlage; eine Berechtigung derselben an und für sich erkennt er nicht an. Bezeichnend ist in dieser Hinsicht das Zugeständniss, dass er besonders den Weltlichen macht: wenn es sich eben für sie nicht umgehen lasse, sich mit weltlichen Studien zu befassen, so sollten sie diese wenigstens nur an zweiter Stelle und im Dienste der göttlichen Weisheit treiben;[1]) insbesondere weist er der Dialektik und Rhetorik nur die Stelle einer gehorsamen Magd gegenüber der Theologie an.[2])

Man sollte denken, dass D. wenigstens consequent in dieser Anschauung geblieben wäre, welche die weltliche Wissenschaft als notwendiges und unvermeidliches Uebel gelten liess. Aber dem ist nicht so. In Italien suchten damals bei dem allgemeinen Aufschwunge der Wissenschaften auch viele Mönche die ihnen mangelnde Bildung sich in den Privatschulen der Grammatiker oder Philosophen zu verschaffen, da es Klosterschulen fast gar nicht gab.[3]) D. aber zieht mit den heftigsten Vorwürfen gegen sie los;[4]) auch der Grund jener umherschweifenden Mönche, dass die Beschäftigung mit den weltlichen Wissenschaften nützlich sei für die mit den göttlichen, sei nichtig; besser sei es sogar, das was man früher von jenen gelernt als überflüssig und schädlich wieder zu vergessen.[5])

Auch in andere Widersprüche verwickelt sich D., wo es ihm darauf ankommt, die Mönche von weltlichen Dingen abzuhalten. In einem langen Tractat Apologeticum de contemptu saeculi,[6]) der ermüdende Klagen enthält über den Verfall der mönchischen Zucht, verbietet er den Mönchen, sich in weltliche Dinge zu mischen, die Gunst der Menge

---

1) op. 58,4—6.
2) op. 36,5 (III, 212a).
3) cf. Giesebrecht, de litt. stud. p. 32.
4) op. 13.
5) op. 13,11: ex istorum numero sunt ii qui Grammaticorum vulgus adeunt, qui .... terrenae artis ineptias concupiscunt: parvipendentes siquidem regulam Benedicti, regulis gaudent vacare Donati. — ib. c. 23 erklärt er auch die Beschäftigung mit der Profangeschichte für eines Mönches unwürdig: modo enim (monachi) rerum gestarum lacinias texunt etc.
6) op. 12.

zu suchen, ausserhalb ihres Klosters umherzuschweifen, denn daher kämen alle ihre Sünden.[1]) Auch um Sachen, die kaiserliche Edicte, Bullen der Päpste oder Decrete der Synoden beträfen, sollten sie sich nicht weiter bekümmern, sondern einfach ehrerbietig ihre Verkündigung anhören; denn was gingen sie Könige, was Synoden an? Sie sollten ihre Sünden beweinen und der Welt abgestorben sein.[2]) Klingt schon dieser Befehl an die Mönche, sich gar nicht um kirchliche Sachen zu kümmern, sehr bedenklich, so versteigt sich D. zu einem offenbaren Widerspruch, als er auf die Stellung der Mönche gegenüber der Weltgeistlichkeit zu sprechen kommt, die im 11. Jahrhundert nichts weniger als klar war und oft zu starker Eifersucht zwischen beiden Ständen führte. [3]) In jener Schrift untersagt D. den Mönchen das Predigen und will die Sorge für das Seelenheil der Laien den Priestern überlassen wissen.[4]) In einer anderen aber, die er im Namen der Gesammtheit der Mönche an die der Kleriker richtet[5]) und in der er sich besonders auf ein unächtes Dekret Papst Bonifaz IV.[6]) stützt, das den Mönchen die Gewalt zu binden und zu lösen und die Verrichtung aller priesterlichen Handlungen zugesteht, verteidigt er ganz energisch das Recht der Mönche die Sacramente zu ministriren; auch bezieht er sich hier auf das Recht der Mönche auf den Concilien zu disputiren.[7])

War so D. auch im Allgemeinen über den Beruf des Mönchsstandes sich selber öfter unklar, so ist doch selbstverständlich, dass er den Eremiten und speciell denen von Avellana jede Beschäftigung ausser den von ihrer Regel vorgeschriebenen aufs Strengste untersagte. So finden wir in Avellana natürlich von einem wissenschaftlichen Leben keine Spur. Das Einzige, was D. seinen Mönchen gestattete und selbst dringend empfahl, war die Beschäftigung mit

---

1) cf. noch op. 15 init. und 'op. 27,3: solche umherschweifende Mönche seien Gyrovagi oder Sarabaitae; er stellt sie also diesen ausgearteten Mönchssecten gleich.
2) op. 12,30.
3) cf. Floto, Kaiser Heinrich IV. und sein Zeitalter I, 63 und 84.
4) op. 12,30: nequaquam nobis delegato praedicationis officio — alienis quasi profectibus inaniter insudamus. Ebenso urteilt er op. 18, Diss. II, c. 8. (III, 205b): Nempe quanto major est Presbyter Monacho in dignitatis Ecclesiasticae privilegio ... Nam cum Monachis de populo nil pertineat, sacerdotibus jussum est populi peccata portare.
5) op. 28.
6) Jaffé, Reg. p. 939 n. 272.
7) opp. III, p. 262b (oben).

der Bibel und den Kirchenvätern;[1]) auch wurden wirklich diese Bücher viel gelesen und besprochen;[2]) aber darum ist nicht entfernt an ein wissenschaftliches Studium jener Bücher zu denken; auch diese Beschäftigung sollte nur der Askese dienen und wurde rein äusserlich und mechanisch betrieben. Die alte Benedictinerregel, dass die Mönche sich mit Handarbeiten beschäftigen sollten, war in Ds Einsiedelei nicht völlig aufgegeben,[3]) nach dem Beispiel Romualds und seiner Eremiten.[4]) D. selbst verfertigte hölzerne Löffel, die er Papst Alexander II. als Geschenk übersandte;[5]) doch giebt er selbst als Grund der Abfassung seiner Schriften an, dass er die Langeweile der einsamen Celle nicht ertragen und sich mit Handarbeiten nicht nützlich beschäftigen könne.[6])

Auch diese Beschäftigung der Mönche scheint einen asketischen Anstrich gehabt zu haben; wenigstens wurden die eigentlich häuslichen Arbeiten und die Bestellung des Ackers den Laienbrüdern überlassen, und mit der heilsamen praktischen Thätigkeit der alten Benedictiner ist sie gar nicht zu vergleichen.

Man sieht, die ganze Regel Avellanas ist auf eine möglichst vollkommene asketisch-fromme Lebensweise angelegt. Freilich vergass D. nicht, die wirklich christlichen Tugenden, wahre Frömmigkeit und eine reine, schuldlose Lebensweise seinen Mönchen dringend ans Herz zu legen;[7]) auch ermahnte er sie oft zu inniger christlicher Liebe unter einander, und dass diese Vorschrift befolgt wurde, hebt er öfters rühmend hervor.[8]) So lange D. lebte, war sogar die Eintracht unter den verschiedenen Klöstern seiner Congregation so gross,[9])

---

1) cf. op. 52,26.
2) S. op. 12,3: nos autem qui cuncta sacri eloquii volumina ... prae oculis assidua discussione versamus; cf. op. 12,33; ep. 6,29; op. 11,9: hic psalliter, illic oratur, in alia cellula scribitur (dies weist wohl auf das Abschreiben von Stellen aus der Bibel und den Kirchenvätern hin).
3) op. 11,19: in aliis cellulis variis manuum operibus iusudatur.
4) Vita Rom. c. 6 und 26.
5) cf. Carmina 183—185 (opp. IV, 24b).
6) ep. 4,11 init.
7) Ich führe nur die charakteristischen Worte an: Quid enim prodest castitas corporis, quid castigatio, vel afflictio carnis, si desit puritas et munditia cordis: ep. 8,14 (I, 147a); cf. ep. 4,2 und ep. 8,1. — Auch den rechten Glauben hält D. hoch, ohne ihn gäbe es keine Tugenden, keine guten Werke u. s. w. (op. 1 praef.)
8) S. z. B. op. 13,24; op. 14 (III, 162b oben).
9) loca ista quae nobis commissa sunt me vivente quasi unum sunt: ep. 6,36.

dass geradezu Gütergemeinschaft unter ihnen herrschte. D. fühlte aber mit Recht, dass das nach seinem Tode sich ändern könnte und um Zwietracht in der Congregation zu verhüten, verordnete er, dass dann jedes Kloster das ihm Gehörige zurück erhalten sollte.[1]
Doch tritt die Religiosität in Avallana sehr hinter der eifrigen Uebung jener äusseren, guten Werke zurück; es konnte auch nicht fehlen, dass, da auf jene mechanische Art die Seligkeit ja am besten zu erlangen war, die Mönche sich besonders darauf legten. Ja die an sich schon so strengen Regeln suchten einzelne fromme Seelen noch zu überbieten und D. selbst beschreibt[2] uns das Leben solcher Eremiten, die die Askese bis zur Verrücktheit und zum Abscheu trieben und deren Blödsinn er auch durchaus nicht billigt.[3]

Gewiss aber würden solche einzelne Beispiele das Eremitenleben in Avellana durchaus nicht charakterisiren, ebensowenig wie der unzählige Male angeführte Dominicus der Gepanzerte, den D. selbst als ein Wunder wegen seiner unglaublichen Fertigkeit in der Selbstquälerei anstaunt.[4] Ds strenge Vorschriften wurden vielfach nicht beachtet, das zeigen seine zürnenden Worte an die Mönche und seine häufigen Ermahnungen.[5] Und obwohl er selbst die Regel Avellanas mit der äussersten Strenge an sich durchführte, selbst bis in sein hohes Alter hinein,[6] war er doch verständig genug, da die strengen Vorschriften selbst von den kräftigsten Mönchen nicht eingehalten werden konnten,[7] auch viele, die Lust hatten in seine Einsiedeleien einzutreten, durch die übermässige Strenge davon abgeschreckt wurden,[8] seine Anforderungen zu mässigen und ein richtiges Maass in der Befolgung der Klosterregeln seinen Mönchen zu empfehlen.[9] Da besonders durch das übermässige Geisseln

---

1) ep. 6,36.
2) op. 51,4 ff.
3) cf. seine Worte über den Idioten Martin c. 5.
4) So schildert Gregorovius IV, 101 ff. mit Vorliebe den Martin und Dominicus; deren „Stumpfsinn" lässt sich aber mit gleichem Recht der sehr lebendige Begleiter Ds auf seiner Reise nach Cluny gegenüberstellen.
5) S. unten pag. 40 ff.
6) cf. die Aeusserung seines Schülers Johann in der Vita Joh. Laud. c. 21.
7) Vita Joh. Laud. c. 6 init. und op. 14 (III, 161b).
8) S. op. 14 (III, 161b).
9) cf. op. 15,5: modus atque discretio in talibus est adhibenda, ne quod indifferenter agitur, velut onus importabile, per intolerantiam pu-

viele Mönche krank geworden waren und hauptsächlich deshalb später der Eintritt in seine Congregation nicht sehr gesucht war, überliess er die bisher notwendige Disciplin dem Belieben der Einzelnen und setzte noch dazu ein bestimmtes Maximum von Geisselhieben fest auch für die, welche von der alten Sitte nicht lassen wollten.[1])

Auch vergass er bei aller Strenge gegenüber den Mönchen nie die Mässigung und Liebe zu ihnen;[2]) ja er verteidigt sich sogar gegen den Vorwurf der Milde, der ihm gemacht werden könnte, damit dass die Zahl der Eremiten sich stetig verringere und sie in den meisten Theilen der Erde schon ganz verschwunden seien.[3]) Gerade diese weise Amtsführung, bei der er stets zwischen Strenge und Milde die richtige Mitte hielt, wird neben der Ehrfurcht vor seiner mächtig wirkenden Persönlichkeit[4]) wohl das Meiste zu dem im Ganzen sehr guten Einvernehmen Ds mit seinen Mönchen beigetragen haben. Oft finden wir bei seinem Schüler Johann und in seinen eigenen Schriften[5]) Aussprüche, welche die treueste Anhänglichkeit, Liebe und Verehrung der Mönche gegen ihren Prior bezeugen. Charakteristisch für ihr gegenseitiges Verhältniss und zugleich ein Beweis, dass Ds Lehren wirklich Eingang bei seinen Schülern gefunden hatten, ist deren Tadel, dass er einen Mantel von einem vornehmen Weltlichen zum Geschenk für sein Kloster angenommen habe, den D. gern über sich ergehen lässt.[6])

Von seinen Erèmiten gedenkt D. mit besonderer Vorliebe dreier, des Johannes von Lodi,[7]) des Dominicus Loricatus und des Leo von Sitria.[8]) Besonders auf des Letz-

---

sillanimiter deponatur; ähnlich ib. c. 6, c. 13, c. 14 fin., c. 16; op. 49,11. (III, 385a); ep. 6,22 (I, 102b und 103a); Vita Joh. Laud. c. 21 und sonst.
1) ep. 6,34.
2) op. 15,28 (III, 177b) empfiehlt er seinem Nachfolger: sic correptionis verbum ex labiis proferatur, ut fraterni amoris in pectore dulcedo servetur etc.
3) op. 15,31.
4) cf. die Worte seines Begleiters nach Cluny: Prof. Gall. c. 20: de quo quidem consilio suae paternitatis amor in me nasci ... coepit etc.
5) So giebt D. op. 14 praef. seiner innigen Freude darüber Ausdruck, dass seine Eremiten streng der mönchischen Zucht ergeben seien, während die meisten Klöster verfielen; dass er obgleich unwürdig von Gott dazu bestellt sei, zwar wenige aber gute Mönche zu leiten.
6) ep. 4,7 fin.: fateor multum mihi placuit, quod objurgatus sum, quod correptus sum, quod verbis mordacibus aspersus sum.
7) S. über ihn oben p. 6 ff.
8) Dieser war aus Ligurien, angezogen durch Ds Ruf, nach Avellana gekommen: op. 9,5; doch nicht 1044, wie die A. C. II, 289 an-

teren Ansichten gab D. sehr viel, ihn vor allen Anderen verehrt er als Vater, Lehrer und Herrn, er ist ihm das Orakel in vielen schwierigen Fragen; er preist ihn als das Muster in allen Tugenden,[1]) das ihn selbst oft zu frommem Wandel angefeuert habe. Er erzählt manche erbauliche Gespräche, die er mit ihm, der 70 Jahre Mönch gewesen, gehabt; er rühmt von ihm, dass er, obgleich er seine ganze Wissenschaft nur aus den Psalmen geschöpft habe, doch viele Grammatiker und Philosophen in der Kenntniss der heiligen Schrift und in der göttlichen Wissenschaft übertroffen habe.

Der berühmte Geisselheld Dominicus der Gepanzerte, „der grösste Büsser seiner Zeit",[2]) war zuerst Weltgeistlicher gewesen;[3]) aus Reue darüber, dass er durch Simonie Presbyter geworden, war er Mönch geworden und darauf als Eremit in der romualdischen Einsiedelei Luceoli (in Umbrien, zwischen Cagli und Gubbio) eingetreten.[4]) Schon hier muss er jene Meisterschaft in der Kasteiung und Selbstmarterung[5]) errungen haben, durch die er sich sein Andenken in der Geschichte gesichert hat; denn in Avellana, wohin er sich mit Erlaubniss seines Priors, nachdem D. schon Abt geworden war, zu noch grösserer Vervollkommnung begab, verehrt ihn D. stets als seinen Herrn und Lehrer, als ein von ihm nie erreichtes Muster.[6])

Er kann ihn nicht genug rühmen, seine Tugenden ist er nicht im Stande aufzuzählen; seine Sprache zwar sei bäuerisch gewesen, aber seine Werke hätten mehr zur Er-

---

geben, denn die Worte a. a. O. qui per continuum jam fere vicennium in cellula reclusus beziehen sich auf seinen Aufenthalt in Ligurien, nicht auf den in Avellana.

1) S. op. 11 init; cf. über ihn noch op. 51,6; op. 45,7; op. 9,5.
2) Wie ihn mit Recht Höfler, Die deutschen Päpste, II, 355 nennt; die Nachrichten über ihn findet man in der Vita Dominici Loricati, die D. verfasste (opp. II, 235—240). Vieles hat er darin einfach aus seinen früheren Schriften herübergenommen, so aus op. 51, c. 8 und 9; op. 15,14; op. 50,14 (gleich Vita Dominici c. 8—10); sonst spricht er über ihn op. 39,3; ep. 6,27. — Es giebt eine eigene Monographie über ihn von Turchius, 1751.
3) Sein Geburtsort und -jahr sind unbekannt; die A. C. I, 197 folgern aus dem aetate provectior in op. 39,3 fin. mit Unrecht das Jahr 995; denn jene Bezeichnung kann auch ganz allgemein auf sein hohes Alter gehen.
4) Vita Dominici c. 6.
5) Auf die hier nicht näher einzugehen ist; cf. Zöckler a. a. O. p. 41—43, 69, 75, 76, 191, 262, 358, 359; Gregorovius a. a. O. IV, 102—104; Höfler a. a. O. II, 76; Görres, Christliche Mystik I, 408 ff.
6) S. Vita Dominici c. 7.

bauung genützt als die elegante Rede Anderer.¹) D. hat sich bestrebt ihm nachzueifern; auch er trug in seinen späteren Jahren zu grösserer Pein einen eisernen Panzer auf blossem Leibe,²) wie es Dominicus und nach seinem Muster andere Eremiten gethan;³) aber eben ausser in asketischer Beziehung finden wir keine Spur von Einflüssen des Dominicus auf D. Meist weilte Dominicus in Avellana; wir finden ihn zeitweise aber auch in anderen mit diesem in Verbindung stehenden Klöstern, so in Conjunctulum;⁴) in Suavicinia war er Prior,⁵) hier fand er auch wahrscheinlich seinen Tod.⁶) Ueber sein Todesjahr ist viel gestritten,⁷) es ist erweislich 1060,⁸) der Tag der 14. October.

Neben solchen Erscheinungen, welche die Blüthezeit der Askese und Kasteiung in Avellana bezeichnen, ist aber auch die Schattenseite des Eremitentums dort vertreten. Wie überhaupt nie und nirgends das mönchische Leben sich trotz allem äusseren Scheine auf längere Zeit in seiner Reinheit erhalten hat,⁹) so kamen auch in der Congregation von Avellana bei aller Sorge und strengen Aufsicht Ds zuweilen sehr unerfreuliche Dinge vor.¹⁰) Die Unverträglichkeit des

---

1) op. 51,8; in der Vita Dom. c. 7 heisst es: tota vita ejus praedicatio et aedificatio, doctrina erat et disciplina.
2) Vita Dam. c. 18 init.
3) op. 15,14.
4) Vita Dominici c. 12 fin.; über dies Kloster s. A. C. II, 140.
5) S. die Anrede des op. 53 und die Vita c. 12 (opp. II, 239), wo Dominicus Besitzungen seines Klosters, die er vom apostolischen Stuhl bekommen, gegen fremde Eingriffe verteidigt.
6) cf. A. C. II, 224; Vogel a. a. O. p. 12 meint, er habe sich zu Tode gegeisselt.
7) S. A. C. II, 225—231 und 244—245.
8) Dominicus kann nur 1060 oder 1066 gestorben sein; dies folgt aus der Angabe, dass er am Sabbath gestorben sei in Verbindung mit dem Datum pridie Idus Octobris (Vita c. 13 init. und fin.; cf. A. C. II, 226). Er starb aber ein Jahr vor einem anderen Schüler Ds, Rudolf, der erst als Eremit in Avellana lebte und dann Bischof von Gubbio geworden war, dessen Leben D. gleich nach dem Tode Rudolfs schrieb (Vita Rodulphi et Dominici praef. und c. 5). Da 7 Jahre zwischen dessen Eintritt als Eremit in Avellana und seinem Tode liegen (ib. praef. fin.), er aber 1059 das Decret über die Papstwahl als Bischof von Gubbio unterschreibt („Rodulfus episcopus Egubinus" im Codex Udalrici n. 21 bei Jaffé, Bibl. Rer. Germ. V, 45), so kann er nicht 1067, sondern nur 1061 und folglich Dominicus nur 1060 gestorben sein. — Gieseler, Lehrbuch der Kirchengeschichte II, 290 meint irrig 1062, ebenso Steindorff, a. a. O. p. 249, Anm. 1, der auch unrichtig als Datum den 1. October angiebt (wie auch Fehr a. a. O. p. 237).
9) cf. Wattenbach, Deutschlands Geschichtsquellen II, 72. 73.
10) cf. die Geschichte, die D. von einem ihm treu ergebenen Mönche erzählt, der 8 Jahre unter ihm keusch gelebt, dann aber geschlechtlichen Verirrungen erlegen war: op. 50,9.

echten Mönchslebens mit der menschlichen Natur bezeugt
D. selbst;[1]) er, der sittenreinste Mensch, bekennt öfter, dass
er auch als Mönch von wollüstigen Gedanken gepeinigt sei.[2])
Die häufigen Klagen Ds zeigen deutlich, dass er auch bei
seinen Eremiten üble Erfahrungen genug gemacht hat. So
hatte einmal ein Mailänder,[3]) der die Absicht gehabt in
Ds Kloster einzutreten, dies aufgegeben, da er sich durch
das weltliche Leben der Gumugneser, die er auf seiner Reise
nach Avellana besucht, sehr unangenehm berührt ge-
fühlt hatte.

D. macht darauf in einem Schreiben[4]) jenen Mönchen
die bittersten Vorwürfe über die Vernachlässigung der Ere-
mitenregel and bittet sie schliesslich in brüderlicher Liebe,
auf den rechten Weg zurückzuwandeln. Ein anderer Brief,[5])
dessen Zusammenhang deutlich zeigt, dass D. auch aus
eigener Erfahrung redet, beginnt mit Klagen über die trau-
rige Stellung eines Abtes, der zugleich ein echter Mönch
bleiben wolle, und über die wachsende Verweltlichung der
Mönche. Der Abt sei nicht blos der Diener der Weltlichen,
da er zu verhüten streben müsste, dass diese die Besitzungen seines Klosters schädigten, sondern auch der der Mönche,
weil er durch Strenge diese leicht zum Aufruhr gegen sich
bringen könnte. Als Abt könne man ausserdem kein wahrer
Mönch bleiben, da jener von so vielen weltlichen Geschäften
und Sorgen überhäuft sei, zu denen besonders auch die
Immunität der Klöster Anlass gäbe. Seitens der Mönche
sei der Abt fortwährend gehässigen Nachreden ausgesetzt;
sie verlangten von ihm viel mehr, dass er für die weltlichen Besitzungen des Klosters, für Einfluss auf die weltlichen Grossen Sorge trage als für die Disciplin; auch in

---

1) ep. 8,14 (opp. I, 147a): novi sane et satis superque expertus sum, quia quo remotius a mundi negotiis vel saeculari conversatione seceditis, eo molestius importuno cogitationum ingruentium strepitu laboratis.
2) S. op. 42, Diss. I, c. 7 init.; cf. op. 40,9; ep. 7,18 init. gesteht er, dass er wohl alte, hässliche Weiber ansehen könne, aber: a venustioribus atque fucatis sic oculos tamquam pueros ab igne custodio. Infelix quippe cor meum . . . semel aspectae formae memoriam non amittit etc.
3) Die A. C. II, 289 stellen die Möglichkeit hin, dass dieser iden-
tisch sei mit dem Patarener Herlembald, dessen Aufenthalt in mehreren
Klöstern Mittelitaliens durch die Vita Arialdi c. 16 II. bezeugt ist (cf.
Paech, Die Pataria in Mailand, 1872, p. 35); doch machen dies höchst
unwahrscheinlich die Worte ib.: cumque cuncti (Dei cultores in eremo
et monasteriis circumquaque degentes) in vera et pura fide accensi sententiam ei concordem una cum beato Arialdo promerent, der ihm näm-
lich gerathen, nicht Mönch zu werden.
4) ep. 6,32. — Andere Klagen Ds über seine Mönche s. op. 53.
5) op. 21 (praef. und c. 1. 2.)

der Handhabung dieser, sei sie streng oder milde, könne er es ihnen nie recht machen. Dennoch dürfen wir annehmen, dass im Ganzen die mönchische Zucht in der Avellaner Congregation hoch gehalten wurde; D. hat nie daran gedacht seinen Priorat niederzulegen, während er die Abdication eines anderen Abtes als eine sehr verdienstliche That preist.[1] — Ich berühre endlich hier noch mit wenigen Worten das, was wir über Ds Familie und seine Stellung zu derselben wissen. Man sollte meinen, dass er als echter Mönch ausser allem Zusammenhang mit den ihm durch Blutswandtschaft Verbundenen geblieben wäre, wie z. B. zwei seiner Zeitgenossen, Hildebrand[2] und Desiderius[3] von Monte-Cassino nie ihrer Familie Erwähnung thun. Ganz anders bei D. Wenn er auch einmal einem ihm befreundeten Archidiakon Almerich schreibt, dass er ihn mehr liebe als seine Brüder, da die geistige Liebe der des Fleisches vorangehen müsse,[4] so war er doch viel zu gemütsvoll angelegt, hatte zu hohe Begriffe von Freundschaft und Liebe, als dass er seine Blutsverwandten hätte vergessen können. Sein Verhältniss zu seinem Bruder Damianus ist schon oben berührt.[5] Ein anderer Bruder, Marinus, muss schon frühe gestorben sein, Petrus berichtet uns nur von seinem Tode nach der Erzählung jenes Damianus.[6] An zwei sonst unbekannte Schwestern, Rodelinde und Sufficia,[7] richtet er ein Schreiben voll Ermahnungen zu frommem, gottgefälligem Leben; er freut sich, dass sie nach dem Tode ihrer Männer das Gelübde der Keuschheit abgelegt hätten.

Noch kennen wir zwei Neffen Ds, Marinus und Damianus. Jener war in sehr jugendlichem Alter auf Ds Antrieb Mönch in dem unweit Ravenna gelegenen Kloster S. Apollinaris zu Classe geworden, ihm hatte dort der Oheim

---

1) op. 21 init.: Nunc vere meus Abbas esse coepisti, cum praeesse aliis desiisti.
2) cf. Giesebrecht III, 11.
3) cf. Hirsch, Forschungen zur deutschen Geschichte, VII, 12.
4) ep. 5,5 init.: et certe dignum est ut dilectio spiritualis amorem superet carnis.
5) S. p. 13 ff.
6) op. 33,4; er nennt ihn laicus quidem habitu, sed timoratus spiritu.
7) ep. 8,14: Charissimis in Christo sororibus R. atque S., Petrus peccator Monachus intimae germanitatis affectum. — Unklar ist mir die Ueberschrift der ep. 8,13: Dulcissimae sorori III., die nur eine Abschrift der ep. 6,16 ist.

selbst das Mönchskleid übergeben.[1]) Getrieben von Sorge für das Seelenheil des ihm theuren Jünglings übersandte ihm D. kurz darauf ein Schreiben,[2]) in dem er ihm viele gute Rathschläge, wie er ein tüchtiger Mönch werden könne, auf den Weg gab. Seine weiteren Schicksale sind unbekannt.

Mehr wissen wir von dem jüngeren Damianus, einem Schwestersohne des Petrus. Dieser schickte ihn 1064, spätestens 1065 nach Frankreich,[3]) um ihn in einem dortigen Kloster die freien Wissenschaften erlernen zu lassen; er empfahl ihn einem befreundeten Abt und bat diesen ihn mit väterlicher Liebe zu behandeln.[4]) Nach vollendeten Studien kehrte Damianus nach Italien zurück und trat als Eremit in eines der Klöster der Avellaner Congregation ein.[5]) Als er noch Noviz war, gab er sich den Bussübungen mit solchem Eifer hin, dass ihn D. selbst auffordern musste, sich etwas darin zu mässigen.[6]) Nach dessen Tode wurde er, obgleich er noch sehr jung gewesen sein muss, wahrscheinlich aus Pietät gegen seinen Oheim, zum Prior von Avellana erwählt; als solcher erscheint er urkundlich August 1075[7]) und Oktober 1078.[8])

Erwiesen scheint mir auch, dass eben dieser Damianus identisch ist mit dem späteren Cardinal und Abt des Klo-

---

1) op. 49,1 und 6; über den freundschaftlichen Verkehr Ds mit den dortigen Mönchen cf. ib. fin. — Fehr a. a. O. p. 196 n. 1 macht Marinus irrig zum Oheim Ds.
2) op. 49: De perfecta monachi informatione; D. schreibt ihm, quia consanguinitatis mihi necessitudine jungeris, fratruelis quippe es ... tu mihi licet non sis filius, a mea tamen cura non merito judicaris extraneus, cui germana videris affinitate propinquus. (c. 1.)
3) Von seinem dortigen Aufenthalt erzählt D. zwei Geschichten ep. 6,29; dass dieser ihn schon 1063 nach Cluny mitgenommen habe, wie Mitt. II, 252 annimmt, ist unerwiesen.
4) ep. 6,3; s. über sie Anhang.
5) cf. op. 47,5.
6) ep. 6,22; hier macht ihm auch D. Vorwürfe, dass er zeitweise seine Einsiedelei verlassen habe, um sich in einem Cönobium im Kirchengesang auszubilden. — ep. 6,29 nennt ihn D. „religiosae indolis adolescens". — Das an ihn gerichtete Ermahnungsschreiben, op. 47 de castitate, ist ähnlicher Art, wie das an Marinus.
7) S. Mitt. II, 352; wie die Indiction (13.) und das Jahr des Pontificats Gregors VII. (3.) zeigen, ist 1074 in 1075 zu ändern.
8) S. Mitt. IX, 13, wo aber die 3. Indiction in die 2., nicht in die 1. zu ändern ist, wie Mitt. will. — Schon März 1078 erscheint Aliprand, (den ich mit Mitt. II, 268 gegen Mabillon, Ann. Ord. S. Ben. VI, II, 25 für identisch mit dem öfter in Ds Schriften genannten Liutprand halte), sein späterer definitiver Nachfolger, urkundlich (Mitt. II, 352) als Prior, wahrscheinlich in Vertretung des durch seinen Cardinalat an der Leitung von Avellana verhinderten Damianus.

sters Nonantula.[1]) Einmal finden sich beide Titel zusammen bei dem Biographen Bischofs Anselm von Lucca;[2]) dann widmet ein Schüler des Petrus den Liber Testimoniorum Veteris ac Novi Testamentorum[3]) dem Abt Damianus, den er ausdrücklich als Neffen des Petrus bezeichnet.[4]) Als Abt von Nonantula erscheint er von 1086 bis 1097 mit Unterbrechungen,[5]) als Cardinal zuerst 1076[6]) oder 1077[7]); allerdings scheint er unter Gregor und später keine bedeutende Rolle gespielt zu haben.

V.

Wie schon oben bemerkt, hatte Petrus, sowie er Prior von Avellana geworden, sein Augenmerk darauf gerichtet, die elenden Zustände der Kirche, soviel in seinen Kräften stand, auch ausserhalb des rein mönchischen Gebiets zu bessern, insbesondere die Simonie[8]) und den Nicolaitismus zu bekämpfen. Im Anfang unterstützte seine dahin zielenden Bestrebungen gewiss vor Allem die grosse Popularität, die er sich durch sein asketisches Büsserleben, durch seinen sittenreinen Wandel, durch seine Busspredigten und besonders durch die zahlreichen Wunderthaten, die er verrichtet

---

1) Was Tiraboschi, Storia della badia di Nonantola I, 109 bestreitet.
2) Bei dessen Begräbniss Damianus 1086 zugegen war, s. M. G. SS. XII, 25: „Damianus Cardinalis Romanae Ecclesiae, qui et Abbas Nonantulensis coenobii".
3) Auszüge aus Ds Schriften, nur mit Rücksicht auf seine Erklärungen von Stellen der h. Schrift.
4) S. opp. IV, 35: Domno Damiano, Reverendo Abbati ... Dum vestra nuper industria Petri episcopi, avunculi vestri, acta etc. Der Vorsteher von Avellana wäre Prior genannt.
5) vgl. über seinen Priorat Tiraboschi a. a. O. 108—110.
6) In der Urkunde Gregors VII. für Avellana, das er auf Bitten des Cardinalis Petrus Damianus in Schutz nimmt (Jaffé n. 3735, A. C. II, app. 259); der Beiname Petrus macht allerdings diese Urkunde verdächtig.
7) In einem Vertrage zwischen dem Bischof von Florenz und dem Abt von S. Miniatis bei Ughelli, Italia Sacra III, 82 („presente Damiano Cardinali").
8) Wie er sich schon 1042 als einfacher Mönch über dieses Grundübel der Kirche aussprach, s. Vita Rom. c. 35 fin.

haben soll und die seine Jünger nicht verfehlt haben werden unter dem gläubigen Volke zu verbreiten,¹) erworben hatte. Die Freimütigkeit und Offenheit, die sich D. durch sein ganzes Leben selbst den höchsten Personen in Kirche und Staat gegenüber bewahrt hat und die sich bisweilen bis zur Rücksichtslosigkeit und zu Beleidigungen steigerte, musste dazu der grossen Masse sehr imponiren. Zunächst suchte er durch Wort und Schrift die Beseitigung der simonistischen und unsittlichen Bischöfe in den seinem Kloster und seiner Vaterstadt benachbarten Gegenden zu bewirken. Ihn unterstützte dabei im Anfang besonders der Erzbischof Gebhard von Ravenna, dessen Eifer für die Kirchenreform auch aus seiner nahen Verbindung mit Abt Guido von Pomposa hervorgeht.²) D. preist ihn als Beschützer der Mönche und fast den einzigen Kirchenfürsten, der sich in der allgemeinen Verderbniss nicht mit Simonie befleckt habe.³) Schon in Pomposa, wo Gebhard oft verkehrte,⁴) wird er den Petrus schätzen und lieben gelernt haben; gleich nachdem dieser Prior geworden, lud ihn nun der Erzbischof ein, in seine Vaterstadt auf einige Zeit zurückzukehren, um ihn bei der Durchführung seiner Reformideen zu unterstützen.⁵) D. aber entschuldigte sich, dass er wegen Ueberhäufung von Arbeiten für sein Kloster, wie gern er es auch sonst thun würde, seiner Aufforderung nicht nachkommen könne.⁶) Auch besuchte D. während Lebzeiten Gebhards seine Vaterstadt nicht mehr.⁷)

Aus jenem Briefe sehen wir aber zugleich, wie er sehr gut erkannte, dass grade Rom als Hauptsitz der Simonie und Unzucht der Grund aller Uebel der Kirche war; er bezeichnet Papst Benedict IX. und seinen Vorgänger Johann XIX. als Räuber, nicht als Hirten des ihnen anvertrauten

---

1) Eine Blumenlese derselben giebt Johann in der Vita Dam. c. 8—13.
2) cf. Steindorff a. a. O. p. 250.
3) ep. 3,2.
4) Vita Guidonis c. 12 (Acta Sanctorum Ord. S. Ben. Sc. VI, P. I. p. 451.)
5) ep. 3,2 init. und ep. 5,12 init.
6) ep. 3,2. — Ueber die, wie gewönlich angenommen wird, ebenfalls an Erzbischof Gebhard gerichtete ep. 3,3 s. Anhang.
7) Was hervorgeht aus ep. 5,12 init.: quia et olim a Gebehardo Archiepiscopo, et nuper ab hoc novo — scil. Widgero — rogatus, tandem consensi. Die A. C. II, 88 und 103 machen fälschlich hieraus zwei Reisen Ds nach Ravenna behufs Reformation der dortigen Kirche (ad ann. 1043 und 1047).

Sitzes.[1]) Mit der grössten Freude musste er deshalb die Nachricht aufnehmen, dass (am 1. Mai 1045[2]) der nichtswürdige Benedict dem durch seinen frommen Lebenswandel bekannten Johannes Gratianus, als Papst Gregor VI. genannt, den päpstlichen Stuhl überlassen hatte; dass auch dies durch Simonie geschehen war, muss D. wie anderen seiner Zeitgenossen im Anfang ein Geheimniss gewesen sein.[3]) Zu erklären wäre sonst nicht, wie er Gregor in überschwänglichen Ausdrücken als Retter der Christenheit begrüsst und wünscht, dass nun die goldene Zeit der Apostel wieder hergestellt werde, die kirchliche Zucht neu erblühen, die Simonie endlich ausgerottet werden möge.[4]) Zugleich giebt er ihm aber Rathschläge, wie er die Reform der Kirche beginnen solle; er verlangt zunächst die Absetzung der simonistischen Bischöfe, so des Bischofs von Castello, Fano, und besonders des von Pesaro[5]); wenn dieser verbrecherische Mensch nicht beseitigt würde, werde sich vom apostolischen Stuhl überhaupt keine Besserung der kirchlichen Zustände erwarten lassen.

Wahrscheinlich war es der Cardinaldiakon und päpstliche Kanzler Petrus, fast der Einzige unter der höheren römischen Geistlichkeit, der sich von der allgemeinen Sittenverderbniss rein erhalten hatte,[6]) der D. ermuthigt hatte, in solcher Weise das neue Oberhaupt der Kirche zu unter-

---

1) et quod pastorum, immo latronum culpa magistri sedes amisit, nobilis alumni cathedra inviolata servavit.
2) Nicht 1044, wie Steindorff a. a. O. 489 nnd 490 nachweist.
3) S. Giesebrecht II, 412 und Steindorff 261. — Gregorovius a. a. O. IV, 50 nimmt ohne Grund persönliche Bekanntschaft Ds mit Gregor an.
4) ep. 1,1. (s. Anhang).
5) Auf die Absetzung der Bischöfe von Fano — dieser war sogar von Papst Benedict IX. excommunicirt, s. ep. 1,3: Sed cum videamus Fanensem latronem ab his etiam, qui non erant, sed dicebantur Apostolici, maledictum et excommunicatum — und Pesaro dringt er auch in ep. 3,3. — Bei Ughelli, Italia Sacra, — der allerdings Fano und Castello als Bischofssitze aufführt: was ich zu Steindorff p. 261 n. 6 bemerke — ist I, 662 und II, 858 kein Bischof von Fano und Pesaro für diese Zeit genannt; als Castellaner nennt er Petrus zu 1048; I, 1319. Gams, Series Episcoporum (Ratisb. 1873) führt p. 690 als Fanenser Bischof Hugo, als den von Città di Castello p. 683 Petrus III. an; den Pesarenser kennt auch er nicht. Ammiani, Memorie istoriche della città di Fano I, 125 ff. weicht wieder von Gams ab in Bezug auf Fano. — 2|5. 1050 bei Leo IX. erscheinen Herimannus Castellanus und Harduinus Fanensis (Mab. Ann. IV, app. 738), beide und der von Gams genannte Petrus (der noch auf der Ostersynode 1059 erscheint) von Pesaro sind die Nachfolger der drei auf Ds Betrieb wirklich abgesetzten Bischöfe.
6) cf. Höfler I, 263 n. 22.

stützen. Ein an ihn gerichteter Brief¹) unseres Eremiten lässt uns dies vermuten. Er hatte darin die Befürchtung ausgesprochen, dass wenn der römische Stuhl nicht wieder zu geordneten Zuständen zurückkehre, auch die ganze Welt in ihrem Elend verharren werde, denn mit jenem müsste ohne Zweifel die Reform der Kirche beginnen. Mit dem Cardinal, dessen guter Ruf ihm zu Ohren gekommen, wünscht er näher bekannt zu werden, besonders möchte er von ihm hören, ob Aussicht da wäre, dass er mit seinem Rathe etwas bei dem neuen Papste ausrichten könne.²) Die Antwort des Kanzlers wird ohne Zweifel günstig ausgefallen sein. Denn jenem ersten Briefe an Gregor liess D. bald einen zweiten folgen,³) in dem er ihm seine Ansicht mitteilt über den von den Fossombronern neu erwählten Bischof.⁴) Zwar hat er an ihm einiges auszusetzen, aber da in der Romagna es überhaupt keine des bischöflichen Amtes würdige Priester gäbe,⁵) so bittet er den Papst jenen zu weihen, oder aber mit der Consecration eines Andern bis zu seiner Ankunft in Rom zu warten. —

Man erkennt aus diesen praktischen Rathschlägen des Einsiedlers seinen Eifer für eine würdige Besetzung der hohen Kirchenämter; beabsichtigte er doch gar selbst nach Rom zu gehen, um noch wirksamer mit dem Papste für die Reinigung der Kirche zu arbeiten. Diese Absicht hat er allerdings nicht ausgeführt, vermutlich weil er einsah, dass der zwar redliche und sittenreine, aber doch ziemlich beschränkte Gregor zur Durchführung einer Kirchenreform in seinem Sinne nicht entfernt geeignet war.⁶)

Das was weder der neue Papst noch sonst Jemand in Italien durchsetzen konnte, eine Regeneration des päpstlichen Stuhls, ohne welche, wie D. einsah, die der Kirche unmöglich war, konnte nur durch den deutschen König, Heinrich III., erreicht werden; auf ihn, den erklärten Feind der Simonie, richteten sich Hülfe suchend die Blicke der Reformfreunde Italiens. Mit ihm war auch D. noch wäh-

---

1) ep. 2,19 (s. Anhang).
2) ib.: si quidquam apud aures beatissimi hujus Apostolici valeam laborare.
3) ep. 1,2.
4) Nach Gams p. 698 Benedict; cf. Mitt. II, 92. 93. — Ueber Ds Beziehungen zu Fossombrone s. auch op. 42, 1, 4.
5) ep. 1,2 quia . . . Clerici digni Episcopatus officio in nostris partibus non inveniuntur. Floto I, 153 macht irrtümlich aus dem „in nostris partibus" „den ganzen römischen Sprengel"; Gfrörer VI, 475 gar das ganze Italien.
6) cf. Giesebrecht, Kaiserzeit II, 413.

rend des Pontificats Gregors VI. in Verbindung getreten und zwar zunächst wegen der kirchlichen Verhältnisse seiner Vaterstadt. Dort war der ihm sehr befreundete Erzbischof Gebhard 1044 gestorben[1]) und König Heinrich hatte einen Deutschen, den Cölner Kanoniker Widger, zu seinem Nachfolger bestellt.[2]) D. bemerkte aber bald, dass er seinem Vorgänger durchaus unähnlich war. Zwar hatte auch der neue Erzbischof, wie vorher Gebhard, — vielleicht auf Anweisung des Königs — ihn eingeladen nach Ravenna zu kommen, um ihn bei der weiteren Durchführung der kirchlichen Reformen in seinem Bistum zu unterstützen, und ähnliche Aufforderungen waren von zahlreichen Einwohnern Ravennas an ihren früheren Mitbürger ergangen.[3]) D., der in dieser Zeit (1044—1046) überhaupt öftere Reisen in Mittelitalien machte, um durch Busspredigten die Sitten des Klerus und des Volks zu bessern,[4]) besonders, wohl auch nach dem Vorbilde Romualds, um die Geistlichen wieder zu dem längst vergessenen kanonischen Zusammenleben zurückzuführen, folgte endlich auch jenen Bitten und war, etwa um 1045, in Ravenna anwesend. Jedoch fand er hier nicht die Auf-

---

1) Ob am 17. Februar, wie auf Grund der Angabe des im 16. Jahrhundert lebenden Rubeus (Historiae Ravennates, 1590, p. 282) von Mitt. II, 93 und Steindorff a. a. O. p. 254, n. 2 angenommen wird, ist mir fraglich. Der Werth der chronologischen Angaben jenes Autors erscheint mir wenigstens sehr zweifelhaft; vgl. besonders den ganz falschen Bericht über den Tod Ds (Dam. opp. I, p. XXI), den er in 1080 unter Gregor VII. setzt. — Nebenbei bemerke ich hier, dass auch die Mitt. a. a. O. angeführten Ravennater Urkunden 1032, nicht 1033 den Pontificat Benedicts IX. beginnen lassen, vgl. Steindorff p. 255, n. 5.
2) Steindorff p. 254.
3) ep. 5,12 init.
4) ep. 5,12 (opp. III, 77b): anxiabar denique prius ubi possem uberiores animarum fructus acquirere, et zelo proximorum ductus, diversas Italiae regiones curioso mentis lumine perlustrabam: dumque revocare alios ambiebam ad rectitudinis statum, ipse paulo minus potui vagationis incurrere naevum. cf. ep. 3,5: quia postquam ad te veni, „postquam ab alio revocatus itinere", vestris jussionibus parui. Auf eine dieser Reisen beziehe ich auch die Zusammenkunft mit Bischof Azzo von Florenz († 1046), dem er wegen seines Hangs zum Schachspiel heftige Vorwürfe machte und eine Busse auferlegte: op. 20,7 (opp. III, 227). Dieser Bischof kann aber nicht Gerhard, der spätere Papst Nicolaus II., sein, wie Giesebrecht, Kaiserzeit III, 25 und Andere annehmen, denn an diesen selbst ist jener Brief gerichtet; noch viel weniger Petrus, der Nachfolger des Gerhard, wie Lami, Ecclesiae Florentinae Monumenta, 1759, I, 102, meint. Auch das Präsens tunc ille ut mitis est animi et perspicacis ingenii weist nicht auf die Gegenwart, sondern die Vergangenheit, da die ganze Erzählung im Präsens abgefasst ist. — Auch seine Anwesenheit in Benevent (op. 20,6) setze ich in diese Zeit.

nahme, die er erwartet hatte.¹) Der neue Erzbischof war sehr geldgierig und verschleuderte deshalb viele Kirchengüter, höchstwahrscheinlich auch an reiche Bürger Ravennas, lebte auch sonst wenig den Anforderungen der kirchlich Gesinnten gemäss und fand nun in dem eifrigen, strengen D. einen sehr unbequemen Beaufsichtiger. Widger sprach mit ihm kein Wort über den eigentlichen Zweck seiner Reise und liess ihn überhaupt nur sehr kalt an.²) Eine ebenso unfreundliche Aufnahme fand aber D. auch bei der Mehrzahl der Bürger Ravennas aus dem eben berührten Grunde. Er weiss sich freilich damit zu trösten, dass er so wenigstens nicht von den ihm unangenehmen Gunstbezeugungen der Menge belästigt wäre, wie er z. B. vorher in Urbino von dem Beifall der Mönche und Laien fast erdrückt sei.³) Dem Erzbischof selbst aber giebt er bald darauf in einem Schreiben seinen Unmuth über die ganz gegen seine Erwartung ausgefallene Reise zu erkennen, er beklagt sich ausserdem über die Habsucht Widgers, der sich sogar an den Gütern eines seiner Klöster vergriffen habe, und bittet ihn, endlich mit diesem Treiben aufzuhören.⁴)

---

1) Ueber sie berichtet er in einem Briefe, den er hinterher an jenen Erzbischof schrieb: ep. 3,5 („Domno W. Reverendissimo Archiepiscopo Petrus salutem") und in einem an einen befreundeten Ravennater Presbyter gerichteten Schreiben: ep. 5,12 init. — Ueber die Persönlichkeit Widgers s. ep. 7,2.
2) ep. 3,5: nullum legationis verbum, nullum suscipere merui vestrae familiaritatis indicium. Er vergleicht damit das so ganz entgegengesetzte Benehmen seines Vorgängers Gebhard gegen ihn. (Die Stelle ist freilich sehr verderbt: quia si bonae momoriae decessori vestro hic habitandi ob tempora de salute animae suae). Unklar sind mir die Worte ep. 5,12 init.: „Sed cum praedictum virum — Widgerum — cernerem, non dicam ad quod missus, sed quod permissus fuerat, agere".
3) ep. 5,12 (opp. I, 77); er behandelt in diesem Briefe die Frage, ob es für ihn nach der h. Schrift erlaubt sei, sich gar nicht um die Besserung der Menschen zu kümmern, um so allen Ehrenbezeugungen sicher entgehen zu können, oder ob er auf die Gefahr hin, diese mit in den Kauf zu nehmen, für das Seelenheil seiner Brüder mitwirken solle, und entscheidet sich für das Letztere.
4) ep. 3,5; aus den Worten fusis lacrymis ad vestigia vestra corruo etc. folgert Cassander, Das Zeitalter Hildebrands, p. 144, ganz unrichtig, dass die römischen Cardinalbischöfe sich auch noch in späterer Zeit sehr demütig den Entscheidungen des Ravennater Erzbischofs unterworfen hätten. — Jenes Kloster muss in einer Stadt, die zu der Diöcese Ravenna gehörte, gelegen haben (Gratias Deo referimus, quia ... urbem nostram etiam clarissimus vester adventus illustrat) und von dem Erzbischof, während sein Priorat vielleicht vacant war, unter D. gestellt sein (hoc autem solum — monasterium —, ex quo me in illud ingredi praecepistis, tot patet invasionibus etc.).

In die Zeit dieses Aufenthalts Ds in Ravenna fällt auch seine Disputation mit Ravennater Rechtsgelehrten über die Frage, von welchem Grade der Blutsverwandtschaft an die Ehe gestattet sei, wobei er die Vorschriften des kanonischen Rechts gegen die des römischen verteidigte. Seine dort ausgesprochenen Ansichten legte er bald darauf nieder in einer mit theologischer und juristischer Gelehrsamkeit angefüllten Schrift de parentelae gradibus.[1]) Da er aber mit den in dieser kirchenrechtlichen Auseinandersetzung aufgestellten schroffen Ansichten viel Widerstand in der Laienwelt fand, nahm er einzelne jener Sätze in einer zweiten kleineren Schrift de gradibus cognationis zurück.[2])

Jener dem D. höchst unangenehme Erzbischof Widger änderte übrigens so wenig sein bisheriges Regiment, dass er endlich am 18. Mai 1046 auf dem Reichstage zu Aachen abgesetzt wurde,[3]) zur grössten Freude Ds. In einem bald darauf an König Heinrich gerichteten Schreiben[4]) rühmt er von ihm, dass er sich durch jene That den Beifall der Christenheit erworben, seine Heiligkeit und seine Tugenden, die er von Vielen habe preisen hören, jetzt auch durch seine Werke bewiesen habe; auf ihm beruhe das Heil der Welt.[5]) Da aber der abgesetzte Erzbischof durch glänzende Versprechungen sich einen Anhang unter den angesehenen Einwohnern Ravennas zu erwerben gesucht hatte, die dann bei dem Könige für ihn eintreten sollten, so warnt D. in jenem Briefe diesen zugleich, solchen Leuten Gehör zu schenken; er möchte nicht seinen Ruf, der die ganze Welt erfülle, wegen jenes einen Menschen auf das Spiel setzen; er bittet ihn endlich, einen neuen, tüchtigen Erzbischof in Ravenna einzusetzen.[6]) Wir wissen zwar nicht, ob dies Dazwischentreten Ds auf die Entschlüsse des Königs eingewirkt hat; gewiss aber ist, dass dieser den Widger

---

1) op. 8, Diss. I; über die Datirung s. Anhang.
2) op. 8, Diss. II; s. besonders praef.
3) S. Steindorff a. a. O. p. 296. 297.
4) ep. 7,2.
5) ib.: salus esse totius mundi vestra incolumitas judicatur . . . . . et sub ipso jam saeculi fine aureum David saeculum renovatur.
6) ib.: ordinate pastorem unde Ecclesia gaudeat. — Was Gfrörer, Gregor VII., VI, 504 und 552 aus diesem und dem bald zu besprechenden Briefe Ds an Papst Clemens II. (ep. 1,3) folgert, dass der Glanz des Hofes, monarchische Schwärmerei — etwas wie heutiger Legitimismus — die Phantasie des Petrus beherrscht habe, dass er so auf mannigfache Irrthümer in seiner kirchlichen Richtung gerathen wäre, entbehrt jeden Grundes. Die Schriften Ds beweisen zur Genüge, dass er nie nach Hofgunst gestrebt, dass ihm weltlicher Glanz nie imponirt hat.

völlig fallen liess und noch Ende des Jahres seinen bisherigen italienischen Kanzler Humfried zum Erzbischof für Ravenna bestellte.[1])
Man sieht deutlich aus jenem Briefe, der die aufrichtigste Bewunderung und Achtung Ds vor dem grossen König zeigt, dass der Mönch die Rettung der Kirche nur von der weltlichen Welt des deutschen Herrschers erwartete. Es ist hier nicht näher darauf einzugehen, wie Heinrich III. die Erwartungen der Freunde der Kirchenreform in Italien noch 1046 erfüllte, durch die Synoden zu Sutri am 20. und zu Rom am 23. Decemher die drei simonistischen Päpste Benedict IX., Sylvester III. und Gregor VI. absetzen und an ihre Stelle einen deutschen Papst, Clemens II., einsetzen liess. Von einer unmittelbaren Beteiligung Ds an diesem Schritt des Königs ist nichts bekannt; wir wissen aber, dass er ihm vollständig und rückhaltslos seine Anerkennung und seinen Beifall zollte,[2]) dem Könige das Recht einer unmittelbaren Verfügung über die Besetzung des päpstlichen Stuhls als Lohn dafür zuerkannte.[3]) In eine einige Jahre später geschriebene Schrift ist eine enthusiastische Lobpreisung des Kaisers eingeflochten.[4]) Er rühmt dort seinen reinen und untadelhaften Character; der Kaiser ist ihm der wirkliche Reformator der Kirche; nächst Gott habe er allein sie aus dem Rachen der Simonie, des unersättlichen Drachen, befreit. Gott habe ihm, da er darauf verzichtet, sich mit kirchlichem Gut zu bereichern, dafür die meisten fremden Völker unterworfen, ihm den Sieg über seine hochmütigen Gegner gegeben. Möchten Andere die siegreichen Thaten der Könige preisen, er halte den Sieg für den schönsten, durch den ohne Blutvergiessen die römische Kirche im ganzen Gebiet des römischen Reichs von ihren Fesseln befreit sei und nun singen könne: „„Du hast gebrochen, Herr, meine Bande, ich werde Dir weihen das Opfer meines Lobes““.

Am Weihnachtstage 1046 wurde Heinrich III. von Clemens II., der an demselben Tage feierlich zum Papst

---

1) S. Steindorff a. a. O. p. 318, der aber p. 297 ohne Grund annimmt, D. habe sich mit Heinrich über die Neubesetzung des Ravennater Stuhls verständigt.
2) S. auch op. 19,11, wo er von der Absetzung des von ihm früher hochgeachteten Gregors VI. spricht: quia venalitas intervenerat, depositus est.
3) S. op. 6,36 (opp. III, 68b): hoc sibi non ingrata divina dispensatio contulit etc. und op. 4 (ib. p. 27a unten); beide Stellen erörtert kritisch Steindorff a. a. O. p. 508.
4) op. 6,36; cf. Giesebrecht, Kaiserzeit II, 417. 418.

geweiht war, zum römischen Kaiser gekrönt. Auch D., der soviel wir wissen jetzt zum ersten Male die ewige Stadt sah, war zugegen bei diesem bedeutungsvollen Akte, wie auch höchstwahrscheinlich an den beiden vorhergehenden Tagen, an denen die Synode versammelt gewesen war[1]; auch er jauchzte dem neuen Kaiser zu, wie die ganze grosse Menge, die zu dem Feste zusammengeströmt war. Gewiss war es mit die schönste Stunde des nun 40jährigen Mönches, als er so in schönster Harmonie vereint Papst und Kaiser zu dem grossen Werke der Kirchenreformation bereit sah.[2] Auf seine Stellung zum Kaisertum waren diese Vorgänge des December 1046 von der höchsten Bedeutung; nie hat ihn die Erinnerung daran verlassen, wie viel die Kirche dem deutschen Könige zu verdanken hatte, dass nur durch diesen die Reform überhaupt möglich geworden war. Fortan erblickte er das Heil der Kirche nur in der Harmonie und engsten Verbindung des Sacerdotium und des Imperium; wir werden später zu verfolgen haben, wie er, einzig in seiner Art, der Repräsentant der Eintracht des Papst- und Kaisertums in dem Sinne, wie sie damals durch Heinrich III. geschaffen war, blieb, so sehr sie auch später bei den veränderten Verhältnissen Deutschlands unmöglich wurde.

Bald nach der Kaiserkrönung Heinrichs III. ging D. nach seinem Kloster zurück und blieb dort während der Anwesenheit des Kaisers in Unter-Italien. Anfangs April 1047, spätestens den 9., finden wir diesen auf seiner Reise von Rimini nach Mantua in Ravenna[3] und hier traf er wieder mit D. zusammen. Zu wiederholten Malen und dringend hatte ihn inzwischen der Kaiser aufgefordert, nach Rom zu gehen,[4] um dem neuen Papste über den Zustand

---

[1] S. op. 42,6: Certe vir quidam, nomine Pambo... Romae constitutus, in uno mecum versabatur hospitio, cum Heinricus piae memoriae Rex, coronam suscepit Imperii. In ipsis autem vigiliis Dominicae Nativitatis etc. — Ob er auch vorher in Sutri war, lässt sich nicht entscheiden.
[2] Auch op. 6,27 init. bezeichnet er das Kaisertum Heinrichs und den Pontificat Clemens' zusammen als die Zeit, in der die Simonie aufgehört habe, als erlaubtes, gesetzliches Gewerbe zu gelten: Quis enim nesciat usque ad hujus Henrici clementissimi Regis imperium, Praesulatumque reverendae memoriae Clementis papae .... virus Simoniacae haereseos ebulisse ... tamquam legali sanctione decretum.
[3] Steindorff a. a. O. p. 332.
[4] ep. 1,3 (an Clemens II. gerichtet) init.: Dominus invictissimus Imperator non semel, sed saepe mihi praecepit, et si dicere audeo, rogare dignatus est, ut ad vos venirem et quae in ecclesiis nostrarum par-

der höheren Geistlichkeit in der Romagna zu berichten und jenem die ihm zur Abhülfe der Uebel notwendig scheinenden Massregeln vorzuschlagen; natürlicherweise, da D. ja am besten in jenen Gegenden von der Lage der Kirche Bescheid wusste. Der Mönch hatte aber jenen Aufforderungen — er schützte die Schwierigkeit der Reise vor, wahrscheinlich war Abneigung gegen das geräuschvolle und weltliche Treiben in Rom der Grund — nicht Folge geleistet und ein Hauptzweck seiner Reise nach Ravenna war vermutlich, sich vor dem Kaiser wegen jener Weigerung zu entschuldigen; doch blieb der Kaiser bei seiner früheren Forderung.[1]) Im Kloster S. Apollinaris zu Classe unweit Ravenna nahmen sie von einander Abschied, der Kaiser um nach Deutschland, der Mönch um nach seiner Einsiedelei zurückzukehren.[2]) Von dem, was sonst dort zwischen ihnen verhandelt ist, wissen wir nur, dass D. sich um die Befreiung eines uns sonst unbekannten Gisler, den der Kaiser in ein Kloster eingesperrt hatte, verwandte.[3]) Da Heinrich trotz seines der Bitte Ds günstigen Versprechens den Gisler nicht freiliess, richtete jener in der nächsten Zeit einen Brief an den Kaiser, in dem er ihn an die Erfüllung seiner Zusage erinnerte[4]); er erbietet sich sogar, falls es

---

tium agerentur, quaeque mihi necessaria a vobis fieri viderentur, vestris auribus intimarem. Dem, was Gfrörer, Gregor VII., VI, 552—554 gemäss seiner vorgefassten Meinung, dass Heinrich III. mit allen seinen Reformmassregeln nur die völlige Knechtung des Papststuhls unter den Kaiserthron bezweckte, aus diesem Briefe macht, kann ich unmöglich beistimmen. Dass Heinrich kein Mittel der Schmeichelei gespart habe, um den Abt für sich zu gewinnen, erhellt aus den Worten „et si dicere audeo — venirem" durchaus nicht. Nach ihm soll ferner der Kaiser den Abt förmlich zum Mentor des Papstes bestellt haben. Seine Uebersetzung der obigen Worte ist aber falsch: D. soll gar nicht fleissig den Papst besuchen, ihm auch nicht eröffnen, was ihm in Betreff des Kirchenregiments überhaupt passend erscheine, sondern ihm nur über die schmählichen Zustände in der Romagna („nostrarum partium") berichten und um Abhülfe derselben beim Papste dringen.

1) ep. 1,3: ille a sua intentione non destitit, sed ut iter arriperem, absoluta definitione praecepit.
2) ep. 7,1: ... quia cum apud Monasterium Classis a vobis discessurus essem.
3) cf. Steindorff p. 332. Nur Benzo, Ad Henricum IV., I, 13, Mon. Germ. SS. XI, 604 spricht von jenem Factum: (Henricus) regrediens per Camerinum et Spoletum venit Anconam et cepit Gislerum, quem captivum abduxit in Germaniam, reclusitque in formicaria, cui melius esset, si eum caperent subgrundaria.
4) ep. 7,1. Auch hier rühmt Petrus vom Kaiser: et cum omnia regna terrarum, quae vestro subjiciuntur imperio teste mundo, largissima vestrae pietatis abundantia repleat .... cui Deus propriis viribus omnes adversarios subjugat.

nötig wäre, in der Sache den Kaiser nochmals aufzusuchen.[1])

Nach seiner Rückkehr von Ravenna[2]) empfing Petrus vom Kaiser einen Brief an den Papst, den er diesem selbst überbringen sollte. D. jedoch liess denselben dem Papst überbringen und fragte in einem Schreiben zugleich bei diesem an, ob er seine Reise nach Rom für nötig hielte oder nicht. Der Mönch meint, er helfe zu nichts, wenn er seine Zeit mit wiederholten Reisen hinbrächte, da ja in seiner eigenen Gegend die Kirche durch die schlechten Bischöfe und Aebte völlig zerrüttet sei und ihr auch jetzt noch durch die unwürdigen Bischöfe von Fano und Osimo[3]) — über jenen hatte er schon wiederholt geklagt — und andere Gefahr drohe. Was solle er in Rom, wo er in unmittelbarster Nähe soviel zu kämpfen habe? Dem Papste macht er in gewohnter Freimütigkeit wegen seiner zu grossen Milde Vorwürfe, seine Freude schlage schon jetzt in Trauer um.[4])

Wahrscheinlich bewirkte dieses Schreiben Ds — vielleicht bezweckte auch jener kaiserliche Brief die Reise Clemens' II. nach der Romagna, von deren völlig zerrütteten kirchlichen Zuständen sich der Kaiser selbst auf seinem Zuge von Unter- nach Nord-Italien überzeugt haben wird — dass der Papst in der nächsten Zeit in den Avellana benachbarten Landschaften erschien[5]); an weiteren Erfolgen hinderte ihn aber seine Krankheit und bald darauf folgender Tod (9. October 1047). — Nach Rom ist D. zu Clemens' Lebzeiten nicht mehr gekommen.[6])

Schon jetzt, wo er erst wenige Jahre aus dem einfachen Mönch zum Prior seines Klosters emporgestiegen war, haben

---

1) ib.: et me ad vos quantocyus festinare jubete; der Kaiser hielt sich also wohl damals noch in Norditalien auf.

2) Die Reise dauerte drei Tage: ep. 1,3: postquam autem itinere dierum trium ad eremum regressus sum. — Höfler I, 264 entstellt die Sachlage: „Schon hatte Petrus auf das unablässige Drängen des Kaisers hin sich auf den Weg nach Rom begeben, als ihn das Eintreffen kaiserlicher Briefe an den Papst bewog, wieder umzukehren und seinen Auftrag an diesen schriftlich zu bestellen."

3) Ueber diese sagt er ep. 1,3: a vobis cum tanta arrogantia et exultatione reverti cum videamus; er meint deren ungehinderte Rückkehr vom römischen Concil. — Gams, Ser. Episc. p. 712 führt als Bischof von Osimo an Gisler (1022—57), doch kann dieser, den wir mit D. später in öfterer und vertrauter Verbindung sehen (vgl. op. 16 init.), nicht jener verbrecherische Bischof sein.

4) ib.: cogitur in luctum spei nostrae gaudium commutari.

5) Im Sommer treffen wir ihn bei Pesaro: Jaffé Reg. Pont. p. 365.

6) Eine zweite Reise Ds nach Rom nehmen die A. C. II, 103 ganz ohne Grund für den Januar 1047 an.

wir so D. in den nächsten Beziehungen zu den beiden Häuptern der Christenheit gesehen; schon jetzt galt er allgemein nicht nur als einer der hervorragendsten Reformatoren des Klosterlebens in Italien, sondern auch als der rechte Vorkämpfer der Reform der römischen Kirche, als der grösste Feind der in ihrem Klerus eingerissenen Simonie und Sittenlosigkeit. Freilich war dem eifrigen Mönch, wie jener in Unmuth geschriebene Brief an Clemens II. zeigt, in den wenigen Monaten, seit überhaupt wieder Ruhe in Rom eingekehrt war, viel zu wenig für die Kirchenreform geschehen; bei dem besten Willen hatte jener Papst nicht mehr erreichen können, und sein früher Tod unterbrach wieder auf länger als ein Jahr das kaum begonnene Werk.

Wieder machte der abgesetzte Benedict IX. für kurze Zeit erfolgreiche Versuche, sich des apostolischen Stuhls zu bemächtigen; der vom Kaiser eingesetzte Papst Damasus II. starb, nachdem er nicht volle vier Wochen regiert hatte (9. August 1048); erst am 12. Februar 1049 wurde dann sein Nachfolger Bischof Bruno von Toul als Leo IX. zum Papst geweiht.[1]) Unter diesem thätigen und rührigen Kirchenfürsten konnte endlich die Kirchenreform wieder mit Aussicht auf Erfolg in Angriff genommen werden; jetzt wandte auch D., der während der letzten unruhigen Zeit, so viel wir sehen, nur seinen mönchischen Pflichten obgelegen hatte, wieder seine Sorgfalt der Besserung der allgemeinen kirchlichen Zustände zu. Gleich nach dem Regierungsantritt Leos IX. übersandte er diesem die berüchtigte Schrift „von den Sünden Gomorrhas",[2]) in der er mit rücksichtsloser Strenge und Offenheit, ohne Furcht vor etwa folgenden Verläumdungen die widernatürlichen geschlechtlichen Ausschweifungen, denen sich ein grosser Teil der mittelitalischen Weltgeistlichen gewohnheitsmässig hingab,[3]) geisselte und den Papst aufforderte, die Bischöfe zu der grössten Strenge gegen diese anzuhalten. Das Buch giebt uns ein Bild von der furchtbaren sittlichen Fäulniss, an der gerade jene

---

1) Jaffé, Reg. p. 362. 366. 367.
2) Liber Gomorrhianus, op. 4; Höfler II, 21 meint, „das Ganze scheine das Resultat wahrhaft schrecklicher Erfahrungen im Beichtstuhle zu sein". Doch nach c. 2, wo Petrus die gegen jene unsittlichen Priester zu nachsichtigen Bischöfe tadelt, müssen diese Vergehen ganz offenkundig gewesen sein.
3) Aber nicht, wie Gfrörer VI, 601 meint „die unnatürlichen Auswüchse mönchischen Geschlechtstriebs"; auch Cassander p. 108 sagt irrig, jene Schrift gäbe uns über jene Musterbilder — die Mönche — wenig Trost.

Priester Italiens laborirten, die den kirchlichen Vorschriften gemäss nicht in Ehe oder Concubinat mit Frauen lebten und so äusserlich den Schein der Frömmigkeit zu wahren suchten. Auch hat D. nicht etwa die Farben zu grell aufgetragen, denn Leo IX. erfüllte die dringende Bitte des Mönches, ihm seine Ansichten über das in jenem Buche Dargelegte mitzuteilen, damit er aller Zweifel über den Ernst des Papstes in dieser Sache enthoben würde, in einer dem D. sehr wohlwollenden Bulle,[1]) in der er sich ganz mit den von jenem entwickelten Ansichten einverstanden erklärte, die zugleich ein Decret gegen die unsittlichen Priester enthält. Er lobt mit den wärmsten Worten den Eifer Ds, stellt ihm die grössten Belohnungen im Jenseits in Aussicht und nimmt ausdrücklich, damit kein Missverständniss bei den Lesern jener Schrift entstehen könne, dieselbe in seinen apostolischen Schutz. Er giebt auch zu, dass jene Priester eigentlich sämmtlich abgesetzt werden müssten, doch will er Milde walten lassen und verkündet nur die Absetzung der Kleriker, die sich am schlimmsten vergangen.

Dass eben wegen der in dem Liber Gomorrhianus entwickelten rücksichtslosen Offenheit D. später bei Leo verläumdet und eine Zeitlang bei ihm in Ungnade gefallen sei, ist oft, aber meiner Ansicht nach ohne Grund behauptet.[2]) Denn einerseits scheint es mir an und für sich unmöglich, dass der Papst sich so inconsequent gezeigt hätte,[3]) und dann ist auch in dem Verteidigungsbriefe Ds nichts zu finden, was zu jener Annahme zwingt.[4]) Noch unbegründeter ist die Behauptung,[5]) dass D. auch mit Papst Alexander II. sich später wegen jener Schrift überworfen habe.

---

1) Jaffé n. 3275, Dam. opp. III, 73. 74.
2) So auf Grund der ep. 1,4 von Mitt. II, 109, Höfler II, 22, Gfrörer VI, 601, v. Reumont, Geschichte der Stadt Rom II, 348.
3) Constet omnibus certum nostro judicio placuisse quaecumque continet ipse Libellus diabolico igni velut aqua compositus heisst es in seiner eben angeführten Bulle.
4) Auch nicht die Worte ep. 1,4: Antiquus namque hostis timens, ne ego possem vobis suggerendo destruere quod ille in istis partibus non desinit quotidie novis adinventionibus fabricare, malignantium adversum me linguas exacuit.
5) A. C. II, 275 und sonst oft (Gregorovius IV, 74; Vogel, P. D., p. 31 etc.). Die Schrift de paupertatula inopis ingenioli, über deren hinterlistige Wegnahme durch Alexander II. — er nennt die Unterschlagung ironisch: et revera hoc est munditiae sacerdotalis ingenium, immo Papalis hoc puritatis est argumentum (Baronius Annales Ecclesiastici, 1745, XVII, 25 bezieht diese Worte irrig eben auf den Liber Gomorrhianus) — er in ep. 2,6 klagt, kann nicht mit diesem identisch sein.

Auch bei den übrigen Massregeln, die Leo IX. unermüdlich zur Heilung der kirchlichen Schäden traf, sehen wir D. lebhaft interessirt; wiederholt stand er mit seinem Rath dem Papste zur Seite. Auf einer der Ostersynoden, die dieser fast jährlich zu Rom abhielt,[1]) wahrscheinlich auf der von 1051,[2]) veranlasste er ihn zu energischen Maassregeln gegen die Mönche, die ihr Gelübde brechend in den Laienstand zurückgekehrt waren. D. erklärte, es sei ganz einerlei, ob jemand durch Gewalt, Betrug oder auf andere Weise bewogen sei in den Mönchsstand zu treten,[3]) er müsse bis zu seinem Tode darin bleiben; und der Papst erliess, jedenfalls in Ds Sinne, ein Dekret, in dem er die abtrünnigen Mönche mit dem Anathem bedrohte und den Bischof Gisler von Osimo beauftragte, gegen jene einzuschreiten.[4])

Grossen Streit hatte in dieser Zeit die Frage erregt, ob von simonistischen Bischöfen gratis geweihte Priester abgesetzt, resp. noch einmal geweiht werden müssten oder ob die erste Consecration gültig sei. Leo IX. hatte 1049 auf der ersten Ostersynode alle von Simonisten erteilten Weihen für ungültig erklären lassen und nur ein Aufruhr der römischen Kleriker, deren Ansichten sich dann auch die meisten Bischöfe anschlossen, veranlasste ihn, es bei den milderen Kirchenstrafen Clemens' II. für die von Simonisten geweihten Priester, denen nun auch das Emporsteigen zum Episcopat nicht verwehrt wurde, bewenden zu lassen.[5]) Nun hatten aber übereifrige Reformer wenigstens eine nochmalige Consecration jener Priester gefordert; auf den Synoden von 1049—51 wurde fortwährend hin und her gestritten, eine Einigung aber nicht erzielt; vielmehr hatten einige Bischöfe wirklich von Simonisten geweihte Priester noch einmal geweiht. D., von verschiedenen Seiten aufgefordert, die Streit-

---

1) Dass 1052 wirklich die Synode, von der wir auch sonst nichts wissen, ausfiel, geht hervor aus op. 6 praef. (quanta jam per triennium in tribus Romanis Conciliis fuerit disceptatio) in Verbindung mit den in c. 35 erzählten Vorgängen auf der Synode von 1049.
2) op. 16 (Zeit der Datirung s. Anhang) praef.: nuper autem cum Romanae synodo me interesse contingeret. — Auch op. 6 praef.: Sed cum mihi recurreret, quia jam venerabilis Papa in postrema Synodo etc. weist auf die Anwesenheit Ds in Rom 1051. — Dass er auch 1049 und 1053 dort war, bleibt nicht ausgeschlossen.
3) Ausgenommen sei nur der Fall, wenn die Frau des Betreffenden nicht ihre Zustimmung gegeben habe: op. 16, c. 9.
4) op. 16 praef.: Papa . . . rem valde perdoluit et mox congruum immanissimo vulneri remedium adhibere curavit. Itaque . . . suas ad te litteras censuit destinare etc. Bei Jaffé, Reg. Pont. fehlt dies Decret.
5) op. 6,35.

frage durch eine gründliche Untersuchung zur Entscheidung zu bringen, kam, auch der Billigung des Papstes gewiss, jenen Wünschen nach und entschied sich in dem liber Gratissimus genannten Werkchen[1]) dahin, dass wie überhaupt alle von Simonisten ausgeübten Amtshandlungen, wenn sonst nichts Unkanonisches dabei vorgefallen, gültig seien, so auch die von Simonisten gratis geweihten Priester nicht abgesetzt oder noch einmal geweiht werden dürften. Die entgegengesetzae Ansicht nennt er „ein neues Dogma, Häresie"[2]); er fordert die Bischöfe dringend auf, einmütig gegen sie zusammenzustehen; den Papst bittet er fortzufahren in seinem löblichen Eifer die Simonie auszurotten, nicht aber auch die Unschuldigen mit ungerechter Strafe zu treffen. Der Papst scheint auch seine Zustimmung zu Ds Ansichten gegeben zu haben[3]); indessen wurden diese von vielen seiner Zeitgenossen für zu milde gehalten[4]); der Streit ruhte auch unter den folgenden Päpsten nicht und in den Cardinälen Humbert[5]) und Deusdedit[6]) fand D. auch litterarische Gegner.

An dem dogmatischen Streite zwischen Berengar und Lanfrank über die Abendmahlslehre hat D. keinen unmittel-

---

1) op. 6, August 1052 abgefasst (s. Anhang); der Name liber Gratissimus wird zwiefach erklärt, s. Will. I, 84, n. 20; der Anonymus Mellicensis (12. saec.), Fabricius Bibliotheca ecclesiastica p. 149, nennt es librum et nomine et dignitate Gratissimum; Honorius v. Autun nennt es allein von Ds Schriften. D. widmete es dem Nachfolger Humfreds von Ravenna, Heinrich, aus Anhänglichkeit an seine Vaterstadt: c. 38 plane quia, ut ita loquar, unde genus duxi, summum conscendis honorem, te potissimum elegi, cui hoc munusculum traderem; er bat ihn, ehe das Buch an die Oeffentlichkeit käme, es mit anderen Bischöfen seiner Diöcese zu corrigiren, resp. zu verbrennen. — Ueber den Streit über die Weihen der Simonisten handelt mit besonderer Berücksichtigung des lib. grat. Hergenröther „Oesterreichische Vierteljahrsschrift für Theologie", 1. Jahrgang 1862, p. 413 ff.
2) op. 6, c. 34.
3) op. 6,39: Libellum hunc ... descripsi, atque ut in calce conspicitur, auctoritatis Apostolicae, wo freilich die letzten Worte verstümmelt sind.
4) Berthold von Reichenau Ann. (M. G. SS. V, 273) und Bernold von Constanz Chr. a. 1066 (M. G. SS. V, 428): Petrus Damiani ... ordinatos autem a symoniacis, ut ajunt, nimium clementer tractavit. — Bernold bezieht sich auch in seinem op. de sacramentis excommunicatorum (Ussermann, Prodromus II, 234) c. 8 und op. de canonum auctoritate (ib. 321) c. 12 auf den lib. grat.
5) „Adversus Simoniacos" im 1. Buche, besonders c. 7 und 15 (Martene et Durand, Thes. nov. anecd. V, 647 und 667) — Hergenröther a. a. O. übersieht dies.
6) „Liber contra invasores" etc. II, c. 4 ff. (A. Mai, Nova Patr. Bibl. VII, 3, 89 ff.); cf. Hergenröther a. a. O. p. 431 ff.

baren Anteil genommen, weder unter Leo IX. noch später. Der in seinen Berichten oft sehr unglaubwürdige Berengar stellt zwar D. als Lanfranks Gegner hin[1]; doch wird dies hinlänglich durch die von D. selbst öfter ausgesprochenen Ansichten[2] widerlegt.

Auch der unter Leo IX. neu entbrennende Streit zwischen der römischen und griechischen Kirche, der zu ihrer völligen Trennung führte, hat D. nicht unmittelbar berührt.[3] Für die pseudo-isidorische und von den Cluniacensern aufgenommene Doctrin der unbedingten Alleinherrschaft Roms und seines Bischofs in der katholischen Kirche, deren Verwirklichung seit langer Zeit erst durch Leo IX. wieder erfolgreich in Angriff genommen wurde, war D. von Anfang an ein unermüdlicher Streiter. Der apostolische Stuhl ist ihm die entscheidende Autorität in zweifelhaften kirchlichen Dingen; er ist ihm die Mutter aller Kirchen, die Lehrerin und die Quelle der himmlischen Weisheit, das alleinige Haupt' der Kirche, das Licht der kirchlichen Disciplin[4]; stets hat er mit Wort und Schrift diesen Grundsatz verfochten; in dieser Beziehung hat er Leo IX. und allen folgenden Päpsten unbedenklich seine Kräfte zur Verfügung gestellt.

Wir haben jedoch schon gesehen, wie D. die Päpste als Menschen durchaus nicht für unfehlbar ansah. Auch Leo IX. ist seinem Tadel nicht entgangen. D. hatte die idealsten Ansichten von dem rein geistlichen Beruf wie der Kleriker, so auch der Bischöfe. Oft tadelt er das weltliche Treiben der hohen Kirchenfürsten; besonders ist es ihm ein Gräuel, dass sie selbst mit ihren Mannen in das Feld ziehen[5]; wie es dem Priester nicht einmal gestattet sei, für den Glauben die Waffen zu ergreifen, so dürfe er noch viel weniger die vergänglichen, weltlichen Güter der Kirche

---

1) S. Martene et Durand a. a. O. IV, 103; Berengar nennt D. sogar: „S. Rufinae si satis memini episcopus".

2) z. B. op. 34 praef.: nam iccirco Deus omnipotens sacrosanctum illud mysterium in carnis speciem vertit etc. und expositio Canonis missae, besonders c. 2—7. (A. Mai, Coll. Nov. VI, II, 211 ff.)

3) In einer Hauptfrage, der über den Gebrauch des gesäuerten oder ungesäuerten Brodes beim Abendmahl zeigt D. eine sehr auffallende Inconsequenz: cf. Expos. Canon. miss. c. 2, A. Mai a. a. O. p. 212 und die ep. ad Henricum Ravennat. Archiep., ib. p. 243. — Das op. 38 weist die Ansicht der Griechen, dass der h. Geist nur vom Vater ausginge, zurück, cf. op. 1, c. 9. 10.

4) op. 7 praef.; ep. 2,1; op. 38.1 etc.

5) Er nennt dies inhonesta confusio: ep. 4,9 (opp. I, 57a); cf. ep. 1,15 (ib. 12b), op. 6,32 fin. etc.

verteidigen. Von diesem Standpunkt aus konnte er nicht anders, als auch die kriegerische Politik des höchsten Priesters der Christenheit, Leos IX., die dieser in seinen letzten Jahren gegen die Normannen entfaltete, verdammen.[1]) Doch wie milde drückt er sich auch hier über den Papst aus, wenn man vergleicht, wie scharf und bitter er sonst Fehlgriffe der Päpste, wie Clemens' II., Victors II. und Alexanders II. beurteilt. Er ist durchaus nicht erbittert auf Leo selbst, er sagt nur, man dürfe nicht das Gute und Schlechte nach dem sonstigen Verdienst derer beurteilen, die es thäten, sondern nach seinem eigenen objectiven Werth. Seine Sprache ist viel gemässigter, als z. B. die Hermanns v. Reichenau,[2]) der in der schmählichen Niederlage Leos durch die Normannen eine gerechte Strafe des Himmels für seinen vermessenen Kriegsmuth erblickt. —

Ueberhaupt war das Verhältniss Leos IX. zu dem Avellaner Eremiten ein durchaus freundschaftliches, inniges. Das grösste Vertrauen hatte dieser von Anfang an auf das Regiment Leos gesetzt[3]); später preist er seinen Pontificat, durch ihn wie durch Kaiser Heinrich werde endlich dem schleichenden Gifte der Simonie ein Ende gemacht[4]); auch sonst spricht er stets in tiefster Verehrung von ihm.[5]) Selbst als er ungerecht vom Papste angeklagt war und dieser seinen Verläumdern zu glauben schien, entschuldigt ihn D. und schreibt es seiner eigenen Schuld zu, wenn der sonst

---

1) ep. 4,9 fin.: Ad haec si quis objiciat, bellicis usibus Leonem se frequenter implicuisse Pontificem, verumtamen sanctum esse. Dico quod sentio, quoniam nec Petrus ob hoc Apostolicum obtinet principatum quia negavit: . . . . cum mala vel bona non pro meritis considerentur habentium, sed ex propriis debeant qualitatibus judicari. — Baronius XVII, 77 bemerkt dazu: . . . Petrus Damiani, cui Catholica dogmata penitus adversantur, quibus haeresis errore notantur omnes, qui ab Ecclesia Romana, cathedra Petri, e duobus alterum gladium auferunt; und p. 79: quem communi Cathol. totius Ecclesiae consensu constat esse damnatum. — Will. II; 93 entstellt die Worte bellicis usibus — implicuisse: „Leo IX. erhielt von Petrus eine scharfe Rüge, weil er an der Schlacht gegen die Normannen Theil genommen, obgleich der Papst von dieser Schuld durchaus frei war."
2) Chron. 1053 (SS. V, 132).
3) op. 7,26 fin.
4) op. 6,27: . . . praesulatum istius beatissimi Leonis Apostolici, quo nunc videlicet Praesule sancta se gubernari gratulatur Ecclesia; in c. 34 und 36 init. lobt er seine Massregeln gegen die Simonisten. — Gfrörer VI, 691 folgert zwar aus der praef., D. spräche seinen Aerger darüber aus, dass ihn der Papst in der Frage über die von Simonisten Geweihten noch nicht um seinen Rath gefragt habe.
5) op. 16 praef.: (Leo) utpote vir sanctissimus, juxta sincerissimae charitatis viscera quae in templo sui pectoris vigent etc.; cf. op. 7,26.

gegen ohne Beweise vorgebrachte Anklagen stets misstrauische Leo gegen ihn sich anders gezeigt habe.¹) Es ist anzunehmen, dass in Folge seiner offenen, schönen Unschuldserklärung Leo, der selbst Schuldigen so leicht verzieh, ihm bald wieder die frühere Gunst zugewandt hat.²) Wurde auch D. nicht, wie Bonitho überliefert,³) von Leo als Bischof nach Rom berufen, so zeugen doch von der Achtung, die dieser dem eifrigen Mönch zollte, hänlänglich jene auf seinen Rath hin erfolgten Massregeln, die Urkunden Leos für sein Kloster Ocri⁴) und seine Besitzungen bei Sinigaglia,⁵) und der Umstand, dass die Bulle Leos, in der die Bewohner von Osimo wegen ihres unwürdigen Benehmens nach dem Tode ihres Bischofs aufs strengste getadelt werden, von der Hand Ds herrührt.⁶) —

Mit Kaiser Heinrich sehen wir D. während dieser Zeit in keinerlei Beziehungen. Zu erwähnen ist über seine Thätigkeit während des Pontificats Leos IX. nur noch ein bemerkenswerthes Schreiben an einen anderen mächtigen Fürsten, der dem Kaiser selbst oft hindernd in den Weg getreten war, an den Markgrafen-Herzog Bonifacius von Tuscien. Dieser, der wegen seines unkirchlichen, gewaltthätigen Treibens auch von Ds schon 1046 verstorbenen Freunde Abt Guido von Pomposa harte Worte hatte hören müssen, ja vor ihm sogar Kirchenbusse gethan hatte,⁷) fand auch in D. einen strengen Sittenrichter. Der Mönch stellte ihm vor,⁸) dass er nur deshalb von Gott die Herrschaft über so viele Tausende von Menschen, Sieg über seine Feinde und eine so hervorragende Stellung unter den Mächtigen des Reichs erhalten habe, damit er sich um so mehr dazu verpflichtet fühle, die göttlichen Vorschriften zu be-

---

1) ep. 1,4.
2) Gfrörer VI, 601 meint zwar, Petrus habe in den letzten Jahren Leos Gunst verloren, da er zwei Herren gedient habe.
3) Liber ad amicum, Jaffé, Bibl. II, 634: (zu 1049) Interea Romae episcopi ... alii ordinabantur, ut ,.. ex Ravennatum partibus Petrus Damiani, vir eloquentissimus etc.
4) S. oben p. 27, n. 8.
5) S. die Bulle P. Eugens III. vom 31/1. 1149 für Avellana (Jaffé, n. 6473; A. C. IX, 28: Possessiones etiam quas in massa Sortibuli habetis vel in posterum juste poteritis adipisci, sicut b. m. precessoris nostri pape Leonis privilegio continetur, vobis apostolice sedis munere roboramus.
6) ep. 5,6 (Jaffé n. 3274), s. Anhang. Cajetan bemerkt zu dem Briefe, er sei von D. geschrieben, (wie noch eine Bulle Alexanders II.), wie stylus docet et MSS. Codices aperte testantur.
7) Steindorff a. a. O. p. 250.
8) ep. 7,15: Domno B. excellentissimo Duci et Marchioni Petrus etc.

folgen, die Nichtigkeit irdischen Glanzes einzusehen und seinen Sinn von diesem fort zu dem ewigen, unvergänglichen Gute zu richten; besonders dringt er in ihn, die in seinem Gebiet liegenden Klöster zu beschützen und nicht zu dulden, dass sie von seinen Kriegsschaaren verwüstet oder belästigt würden; vor Allem empfiehlt er ihm das Kloster S. Vincenz.[1])
Während der dem Tode Leos IX. folgenden unruhigen Zeit, — fast ein volles Jahr blieb der päpstliche Stuhl unbesetzt — und während des Pontificats Victors II.,[2]) der dem mönchischen Wesen in demselben Maasse abhold war, wie es sein Vorgänger bevorzugt hatte, den in Folge dessen auch die Mönche nicht sonderlich liebten,[3]) beschränkte sich D. fast nur auf das Studium der h. Bücher, Contemplation und Askese und seine Thätigkeit als Vorsteher der Congregation von Avellana. Dass er aber darum nicht von seiner Einsiedelei aus den Ueberblick über die Lage der Dinge in Kirche und Reich verlor, bezeugt ein Brief, den er nach dem Tode des bis zu seinem Ende von ihm hochverehrten Kaisers Heinrich III.[4]) und wahrscheinlich nach der Rückkehr Papst Victors aus Deutschland an diesen richtete.[5]) Er

---

1) Ueber die Verwüstungen dieses Klosters durch Bonifacius' Krieger cf. auch ep. 6,32 (opp. I, 115b), wo er erzählt, dass die pragmaticae sanctiones Heinrichs III., den die Mönche um Hülfe angefleht hatten, sie nicht hätten verhindern können; erst durch die Wiedereinführung der Officien der Mutter Gottes sei das Kloster gerettet. Die A. C. II, 292 setzen diese Ereignisse wohl mit Unrecht in die Zeit kurz vor Heinrichs Tod, da Bonifaz schon den 6|5. 1052 starb.
2) In dieser Zeit war D. 7 Wochen schwer krank, so dass die Aerzte schon an seinem Aufkommen verzweifelten; die „beata historia" davon erzählt er ep. 6,29.
3) Giesebrecht II, 510. 514. 533.
4) ep. 7,3 (an Heinrich IV.): Porro quia splendidae memoriae pater tuus (statt ejus), magnificus Imperator sublimiter exaltavit Ecclesiam ... sicut olim per illum, amodo per te et collapsa resurgat Ecclesia etc.; cf. das an die Kaiserin Agnes gerichtete op. 56, c. 4: Amisisti, Regina, virum, post quem dedignata es thalamos iterare, vel proci cujuslibet foedus admittere, nisi qui priorem virum excellentioris gloriae dignitate transcenderet etc. und unten p. 62 n. 3.
5) ep. 1,5. Höfler II, 263 übersetzt ihn teilweise ungenau. Gfrörers (VI, 794) Meinung über die jetzt veränderte Stellung Ds zu Kirche und Reich ist ganz unbegründet; ebenso Dambergers (Synchronistische Geschichte der Kirche und Welt im M.-A. Kritikheft VI, 96) Zweifel an der Echtheit dieser Schrift, wie mancher anderen dem D. gewöhnlich zugeschriebenen. (So halte ich die Echtheit der von ihm besonders angegriffenen — ib. p. 110 — Disceptatio synodalis für vollkommen gesichert durch das fast wörtliche Wiederkehren langer Stellen derselben in dem oben p. 95 genannten Liber Testimoniorum Vet. ac Novi Test. opp. IV, 28a—30a.).

ist in der gewöhnlichen, freimütigen, ja rücksichtslosen Weise Ds geschrieben und enthält Klagen darüber, dass ein angesehener, uns sonst unbekannter Mann, Namens Heinrich, der bisher als Weltlicher völlig in Frieden gelebt, dann aber nach seinem Eintritt in den geistlichen Stand von allen Seiten verfolgt und seiner Besitzungen beraubt sei, vom Papst nicht in Schutz genommen werde. Christus selbst, dem jener sich eben gewidmet, leide dadurch das grösste Unrecht. Wie würde sich der Papst rechtfertigen können, wenn der Heiland so zu ihm spräche: „Ich habe dich aus der Schaar der Kleriker zum Priester, zum Bischof erhoben, dich gleichsam zum Vater des Kaisers eingesetzt, ihn dir vor allen übrigen Sterblichen seine Gunst zuwenden lassen, ich habe dich zu meinem Statthalter auserkoren; und wenn das noch gering ist, so habe ich dem die Herrschaft über weite Länder zugefügt, ja dir nach dem Tode des Kaisers alle Rechte des verwaisten römischen Imperiums übergeben.[1]) Trotz alledem habe ich Gesetz und Recht nicht vor deinem Tribunal gefunden; verachtet und ungeehrt muss ich von dir scheiden." D. fordert dann den Papst auf, strenge Gerechtigkeit zu üben; er bittet ihn schliesslich wegen seiner tadelnden Worte um Entschuldigung, der Papst möchte als Mensch dem Menschen verzeihen.

Kaum konnte D. treffender die Stellung jenes eminent politischen Papstes bezeichnen, seine innige Freundschaft und Verbindung mit dem verstorbenen grossen Kaiser, die gewaltige Macht, die er in seiner Hand vereinigte, seit er für das königliche Kind die Zügel des Reichs ergriff. Trotz jenes tadelnden Schreibens erkannte jedoch D. die Verdienste Victors um die Reform der Kirche wohl an,[2]) und einige Jahre später gedachte er mit den ehrendsten Worten des Papstes und seines glorreichen Pontificats.[3])

---

1) Klar ist, dass diese Worte Ds nicht seine Meinung von der Stellung des Papstes zum Imperium überhaupt ausdrücken, sondern sich nur auf die durch den Willen des verstorbenen Kaisers und der Kaiserin Agnes gegebene faktische Stellung Victors im Reiche (cf. darüber Giesebrecht II, 528 ff.) beziehen.
2) ep. 4,12 init. erwähnt er seine auf dem Florentiner Concil (4|6. 1055) erlassenen Verordnungen gegen die Veräusserung von Kirchengütern (zu Gfrörer VI, 755 bemerke ich, dass nur D. selbst auch die gewöhnlichen Formen der Ausgebung auf Erbpacht und Lehnsverträge für unstatthaft erklärt, cum . . . illa quae sub nudo beneficii vocabulo saeculares accipiunt, revocari de cetero atque restitui Ecclesiis nullo modo possunt [opp. I, 61a; cf. auch op. 22,3], ohne dass er sagt, dass auch die Concilsbeschlüsse sich darauf bezogen hätten).
3) op. 56,8: cum quanta gloria Papa Victor et vir tuus Imperator

VI.

Mit dem Tode Victors II. (28/7. 1057) hatte die bis dahin völlig ungetrübte Harmonie zwischen Kaiser- und Papsttum ihr Ende; durch die Wahl des lothringischen Cardinals Friedrich (2/8. 1057) zum Papste — er nannte sich als solcher Stephan IX.[1]) — kamen jetzt die cluniacensischen Tendenzen auch auf dem päpstlichen Stuhl völlig zum Durchbruch. Notwendigerweise musste, seit das Papsttum in Deutschland an dem schwachen Regiment der Kaiserin Agnes einen Rückhalt gegen die ihm in und um Rom drohenden Gefahren, eine Stütze in der weiteren Durchführung der kirchlichen Reform nicht mehr finden konnte, dasselbe auf sich selbst gestützt, in freier selbständiger Stellung seine Aufgabe durchzuführen suchen. Dass aber „Freiheit der Kirche" nichts Anderes heissen konnte, als Umkehr des bisherigen Verhältnisses von Papst- und Kaisertum, war bei der innigen Verbindung von Kirche und Staat, wie sie einmal gegeben war, selbstverständlich und wurde auch gewissermassen officiell von dem Erzkanzler des apostolischen Stuhls, Cardinal Humbert, der Welt verkündet.[2]) D. hat, wie später nachzuweisen ist, die Notwendigkeit davon nicht eingesehen; auch er hat zwar die höchsten Begriffe von der Würde des päpstlichen Stuhls gehabt, aber sein politischer Standpunkt ist im Wesentlichen derselbe geblieben, wie ihn im Ganzen Leo IX. und entschieden Victor II. vertreten hatte; das Heil der Kirche und des Reiches erwartete er bis zu seinem Ende nur im friedlichen, innigen Bunde zwischen beiden höchsten Gewalten der Christenheit, in der Fortdauer ihres Verhältnisses, wie es Heinrich III. begründet hatte.

Ebenso bedeutend wie für die weitere Entwickelung von Kirche und Staat, sollte auch für Ds Lebenslauf der kurze Pontificat Stephans IX. werden. Der neue Papst war

---

Henricus, uterque vir sanctae memoriae, tunc erant et aetate virentes et dignitate florentes etc.; er berichtet dann von einer Mondfinsterniss, die den nahen Tod beider angekündigt hätte.
1) nicht der X.: Wattenbach, Deutschlands Geschichtsquellen, II, 162 n. 2.
2) cf. Giesebrecht III, 9 ff.; über Humberts Schrift contra Simoniacos, ib. 19—21 und 1083.

Mönch durch und durch,[1]) sein ganzes Regiment stützte er auf die Mönche; es konnte nicht fehlen, dass er auch den entschieden eifrigsten, thätigsten Mönch, der zugleich in theologischem Wissen der hervorragendste Mann seiner Zeit in Italien war, der seinen Vorgängern die grössten Dienste im Kampf gegen Simonie und Nicolaitismus geleistet hatte,[2]) für seine Zwecke dienstbar zu machen suchte. Er erhob ihn bald nach dem Antritt seines Pontificats, jedenfalls noch vor Ende 1057,[3]) zum Cardinal und Bischof von Ostia und stellte ihn so an die Spitze des Cardinalcollegiums.[4]) Ein Traum soll nach der Erzählung Johanns von Lodi[5]) dem D. diese Erhebung schon vor drei Jahren angekündigt haben. Wir kennen seine strengen Ansichten von den Pflichten eines Mönches und besonders eines Eremiten, denen er unmöglich bei dem Leben und Treiben in Rom, bei den vielen Geschäften, die ihm jene hohe Stellung in der Curie aufbürden musste, obliegen konnte. Nichts war natürlicher, als dass er den Bitten und Ermahnungen des Papstes und der übrigen Cardinalbischöfe den lebhaf-

---

1) Giesebrecht III, 22. — Schirmer (de Hildebrando Subdiacono Eccl. Romanae, Diss. Berol. 1860) p. 56 bezieht mit Unrecht die Schilderung Ds in op. 45,7 von einem sehr weltlich lebenden hohen römischen Geistlichen auf Cardinal Friedrich. Schon das frater ortus de summis proceribus Galliarum im Anfang und das stulto sapienti monasterialis ad habitandum janua clauditur am Ende widerlegen völlig seine Ansicht.

2) An Gfrörers Worten (I, 574): „Alle Welt kannte D. als einen Eiferer, der mit Hand und Mund, in vielen weitverbreiteten Schriften wie in Geschäftsleben den Einfluss des Kaisers auf die Besetzung geistlicher Aemter (ebenso wie Priesterehe und Simonie) bekämpft habe und nicht minder in seiner neuen Stellung bekämpfen werde", ist kein Wort wahr.

3) Die Annahme fast aller älteren und neueren Forscher, wie Pagis und Höflers, Helfensteins, Gfrörers etc., 1058 sei dies geschehen, beruht auf dem unzuverlässigen Camaldulenser Fortunius (Dam. opp. I, p. XXVI), der auch als Datum den 23. Februar angiebt. — Dass dies nicht möglich ist, beweist der Umstand, dass Hildebrand, der Haupturheber von Ds Erhebung zum Bischof (s. unten), noch vor Ende' 1057 nach Deutschland ging und erst nach dem Tode Stephans nach Italien zurückkehrte, s. Giesebrecht III, 22 ff.; und ein positives Zeugniss für meine Annahme ist der Beginn der Predigt, die D. Weihnachten 1057 hielt: Homilia 61., In Nativitate Domini (opp. I, 155b) Charitati vestrae, fratres charissimi, aedificationis verbum facere gestio, sed quia ut nostis nuper — so hätte er Weihnachten 1058 nie reden können — ad Episcopatus apicem, Deo auctore, promotus sum, loqui ante prudentiam vestram, dum conscientia metuit, lingua etiam necdum assueta, balbutit etc.

4) Vor Allem hatte er als solcher den Papst zu weihen, s. Freiburger Kirchen-Lexicon V, 680, und über seine übrigen Vorrechte ib. III, 56. cf. noch Philipps, Kirchenrecht, VI, p. 178 ff.

5) Vita Dam. c. 14 fin.

testen Widerstand entgegensetzte.[1]) Alles war vergebens, der Papst forderte Gehorsam bei Strafe der Excommunication und der Mönch musste nachgeben; mit Ring und Stab übergab ihm Stephan die Leitung des Bistums Ostia.[2]) Oft hat später D. diesen Schritt des Papstes beklagt[3]); er hat ihn seinen Verfolger genannt, seine Erhebung nicht kanonisch, sondern gewaltsam.[4]) D. hat auch fortan' vor Allem seinen Mönchsstand betont; nach wie vor nennt er sich regelmässig „Petrus der sündige Mönch".

Wie wir aus Ds eigenem Zeugniss[5]) wissen, ist es der römische Subdiakonus Hildebrand gewesen, der so entscheidend in jenes Laufbahn eingriff. Leider fehlt uns jede nähere Nachricht über die Beziehungen beider Männer — über sic unterrichten uns überhaupt nur Ds Briefe — bis zu dieser Zeit. Der erste Brief Ds an Hildebrand,[6]) der sich chronologisch fixiren lässt, stammt erst aus der Zeit nach dem Tode Stephans IX., aus dem Frühling 1058. Wir wissen auch nicht, ob sich schon seit der ersten Anwesenheit Ds in Rom (1046) ihre Bekanntschaft datirt, da nicht feststeht, dass Hildebrand mit dem in Sutri entsetzten P. Gregor VI. dem Kaiser nach Rom gefolgt ist; sehr wahrscheinlich ist freilich, dass der schon damals weit verbreitete Ruf des eifrigen Eremiten Hildebrands Aufmerksamkeit auf ihn gelenkt hat. Als sicher dürfen wir annehmen, dass unter Leo IX. der gleiche rastlose Eifer im Kampfe gegen die Verweltlichung der Kirche beide Männer

---

1) Vita Dam. c. 14, und Prof. Gall. c. 5 (A. Mai, Collectio, VI. b, p. 196): ... qui quondam celebris obedientiae munus invitus suscepit. Ad Episcopalis namque culminis dignitatem vocatus, excusationes praetendit plurimas, se indignum, moribus inornatum, virtutibus vacuum atque huic officio imparem se esse clamitabat.
2) Vita Dam. c. 14. Sonst berichtet nur noch Leo v. Ostia darüber: Chron. Mon. Casin. II, 99 (Mon. G. SS. VII, 695): Petrus Damiani vir valde religiosus et in saecularibus ac divinis literis a pueritia studiosissimus, quem eo tempore Stephanus papa distractum ab heremo in Ostiensi ecclesia episcopum fecerat.
3) Vita c. 14, wo es aber ganz unrichtig heisst: injunctae tamen obedientiae sarcinam quamlibet onerosam a suis umquam cervicibus excutere minime praesumpsisse agnovimus; der Biograph widerlegt sich selbst c. 18 init.
4) op. 19 praef.: ... post sanctae memoriae Domini Stephani, vestri quidem decessoris, mei autem persecutoris, obitum ego a me protinus Episcopatum non canonice traditum, sed violenter injunctum funditus abscidissem etc.; cf. noch ep. 2,1 init.; op. 20,1.
5) ep. 2,8 (an Hildebrand gerichtet) fin.: Sed sive videas sive non videas, ego tibi Episcopatum quem dedisti reddo.
6) ep. 2,9; s. Anhang.

zusammengeführt hat, dass der für eine grosse Idee oder Persönlichkeit so leicht entzündbare Eremit einem Manne von der mächtigsten Anziehungskraft, wie es der Subdiakonus war, auch persönlich näher getreten ist. Jener erste uns bekannte Brief Ds an diesen und auch die späteren, in denen freilich oft ein wenig liebevoller Ton vorherrscht, lassen uns die innige Freundschaft und Eintracht, die beide vor Ds Erhebung zum Cardinal verband, deutlich erkennen. Wahrscheinlich gehört ein Brief,[1]) in dem D. dem Hildebrand die mystische Bedeutung der Quadragesimalzeit auseinandersetzt, in diese erste Zeit ihrer Bekanntschaft. —

Ein wenn nicht neues, so doch weit ausgedehnteres Feld der Thätigkeit, als es ihm in der Einsiedelei gegeben war, eröffnete sich jetzt dem durch seinen Freund Hildebrand zu der zweithöchsten Würde der römischen Kirche emporgestiegenen Eremiten Petrus. Viel wirksamer konnte er jetzt den Päpsten im Kampfe gegen Simonie und Nikolaitismus zur Seite stehen; auch der Berührung mit den politischen Fragen, die durch die neue Auffassung der Leiter der päpstlichen Politik von der Kirchenreformation gegeben waren, konnte er sich unmöglich ganz entziehen. Doch hat er vor Allem auch die Pflichten seines bischöflichen Amtes sehr ernst aufgefasst; sein Biograph weiss viel zu erzählen von dem Eifer, mit dem er durch Predigt und Lehre die Sitten des Volkes zu bessern suchte.[2]) Zwar war Ostia in Folge der häufigen Plünderungen durch die Sarazenen und durch seine ungesunde Lage kaum mehr als ein elendes Fischerdorf[3]); seine eigene Diöcese wird ihm deshalb kaum viel zu thun gegeben haben, und sein ständiger Wohnsitz

---

1) op. 32, cf. Anhang. D. rühmt unter Anderem darin die Enthaltsamkeit seines neuen Freundes von dem Genuss von Lauch und Zwiebeln, die dieser ihm gestanden, c. 1 init.; ferner seine Bekanntschaft mit den Dichtern und Philosophen, c. 9 fin. — Auch ein moralischer Tractat, ep. 2,5, an Hildebrand und seinen vertrautesten Freund Stephan, den Cardinalpriester vom Titel S. Petri ad Vincula, gerichtet („Gemino Sedis Apostolicae Hildebrando"), scheint in die Zeit Leos IX. zu gehören; im Eingang heisst es: Sed quoniam ego nuper a vobis carne, non corde, quietis amore disjunctus etc.
2) Auch noch in seinen letzten Jahren muss D. in der Weise gewirkt haben, wenn er in Rom anwesend war; denn Johann, der doch erst 1065 in Avellana als Eremit eintrat (s. oben p. 7, wenn anders die Angabe seines Biographen richtig ist), berichtet als Augenzeuge davon: c. 15 conspeximus, novimus etc.
3) cf. v. Reumont, Geschichte der Stadt Rom, II, 195 ff. Bunsen, Hippolytus und seine Zeit I, 154.

war jedenfalls in Rom.¹) Aber überall, auch ausserhalb der Diöcese von Ostia, wo er wusste, dass bei irgend einer feierlichen Gelegenheit viel Volk zusammenströmte, war D. zu finden; weder weite Entfernung noch Krankheit hinderte ihn dann, Messe zu halten und zu predigen, den Sinn der Menge von der Welt zu Gott emporzurichten²); auch auf Verbreitung der Feier des Freitags, des Tages der Leiden Christi, durch Fasten, wie des besonders von ihm gepflegten und empfohlenen Mariencults wirkte er dabei mit Erfolg.³) Besonders geliebt und verehrt war D. wegen seiner Mildthätigkeit gegen Arme und Kranke. Hatte er diese echt christliche Tugend schon als Mönch in ausgedehnter Weise geübt, so konnte er es jetzt, wo die Mittel dazu ergiebiger flossen, in noch grösserem Maassstabe. Täglich soll eine Schaar von Armen an den Schwellen des bischöflichen Palastes gelagert haben, denen er reichlich Speise und Geld spendete, zwölf Armen wusch er täglich die Füsse, zu seinen Gastmahlen waren stets Fremde eingeladen, zur Pflege von Kranken in der Umgegend schickte er seine Vertrauten aus.⁴) Johann versichert, dass auch der Klerus der römischen Provinz mächtig von dem Feuereifer Ds ergriffen worden sei, dass, während bisher das kanonische Zusammensammenleben von dem Einzelwohnen mit Frauen ganz verdrängt gewesen, jetzt sehr viele Kleriker zu jenem zurückgekehrt seien.⁵)

Dass D. in ebenso idealem Sinne den ihm übertragenen Cardinalat auffasste wie sein bischöfliches Amt, bezeugt uns ein Schreiben, das er gleich nach seiner Berufung nach Rom seinen Collegen, den sechs übrigen Cardinalbischöfen Roms, überreichte.⁶) Er setzte es auf, wie er in Demut sagt, nicht um jene anzufeuern, die ihrem Amte so eifrig oblägen, sondern um sich aufzumuntern, da er schlaff und träge sei. Auch jetzt, wie schon öfter, schildert er die

---

1) cf. Philipps, Kirchenrecht VI, 180.
2) Wie D. selbst die Pflichten eines Predigers auffasste und wie weit er ihnen zu genügen glaubte, s. ep. 8,1 (opp. I, 132b und 133a); s. dort auch die merkwürdigen Worte: Constat ergo quemlibet Christianum esse per gratiam Christi sacerdotem, unde non immerito debet ejus annuntiare virtutem.
3) Vita Dam. c. 15; in letzterer Hinsicht war Hildebrand sein eifriger Bundesgenosse, s. Giesebrecht III, 14.
4) ib. c. 17.
5) ib. c. 15 fin.
6) ep. 2,1: von sich sagt er darin (opp. I, 26b): Nos itaque, fratres mei, ut et me vobis audenter interferam; nos inquam qui tamquam septem sumus oculi super lapidem unum, etc.

Laster seiner Zeit mit den schwärzesten Farben; er meint, die Welt eile unverkennbar ihrem Untergange zu,[1] die Kirchenzucht werde vernachlässigt, alle verworfensten Verbrechen seien an der Tagesordnung. Bei diesem Trübsal sei die römische Kirche, sie, die über alle anderen gesetzt sei, der einzige Zufluchtsort für alle Gutgesinnten; deren Heil beruhe aber nächst dem Papste auf den sieben Cardinalbischöfen, denen allein mit jenem die Messen im Lateran zu celebriren gestattet sei. Darum müssten vor Allem sie, auf die alle Gläubigen schauten, zu denen diese aus allen Gegenden der Welt in Massen hinströmten, ein durchaus sittenreines und frommes Leben führen; die Worte des Lebens müssten sie nicht nur mit Worten, sondern auch durch ihre Sitten den Völkern verkünden. Nicht auf der Pracht der Gewänder, nicht auf der grossen Schaar von Kriegern und Rossen beruhe das bischöfliche Amt, sondern auf Ehrbarkeit der Sitten und tugendhaftem Wandel. Er wünscht auch, dass seine Amtsgenossen durch Enthaltung von müssigen Worten, Scherzen und unmässiger Freude ihre Reinheit zeigen sollen; auch ihnen empfiehlt er die mönchische Schweigsamkeit.

Am bemerkenswerthesten ist, wie sich D. in diesem Briefe über die Simonie ausspricht. Den Kampf gegen dieses Grundübel, an dem die Kirche krankte, hat er in seiner neuen Stellung auch mit neuen Waffen und noch grösserem Ernste fortgesetzt, je mehr Verteidiger zwar nicht die eigentliche, vertragsmässige Simonie, aber doch versteckere und darum um so schlimmere Formen derselben fanden.[2] So bekämpfte er die Annahme oder Entrichtung von Geldern nach der Consecration, wie auch bei der Stimmabgabe in den Synoden.[3] Gegenüber den Behauptungen zweier Capläne des Herzogs-Markgrafen Gottfried von Tuscien, Simonie sei es nicht, wenn ein Priester die mit dem kirchlichen Amt verbundenen Regalien vom Könige erkaufe, wenn nur die Handauflegung, die Consecration unentgeltlich geschehe, beweist er schlagend,[4] dass

---

1) Oefter spricht D. solche eschatologische Erwartungen aus, s. Zöckler a. a. O. p. 55.
2) Hier wie in der Behandlung von Ds Stellung zur Investiturfrage und zu Kaisertum und Papsttum sehe ich mich genötigt, die chronologische Ordnung zu verlassen.
3) op. 31,5; cf. auch op. 22,3.
4) In der an P. Alexander II. gerichteten ep. 1,13, den er auffordert, gegen 'diese „neue Ketzerei" streng einzuschreiten (die indessen nicht neu war, da sie schon im 10. Jahrhundert Verteidiger fand, s. Neander, All-

beides, die Investitur durch den König und die Weihe durch den Metropoliten, eng und unauflösbar mit einander verbunden sei,[1]) dass die Weihe gar nicht geschehen könne ohne vorausgegangene Investitur,[2]) dass also, wenn diese erkauft sei, auch der ganze Act der Uebertragung der geistlichen Würde simonistisch geschehen sei. In jenem Briefe an die Cardinalbischöfe giebt er nun dem Begriffe der Simonie eine noch weitere Ausdehnung.[3]) Für ebenso verdammenswerthe Simonie, wie die Erlangung von kirchlichen Aemtern durch Geld erklärt er auch die durch Schmeichelei und Gunstbuhlerei bei den weltlichen Fürsten und die Uebernahme von Hof- und Kriegsdiensten bei denselben.[4]) Hier wie in einer späteren Schrift,[5]) in der er dieselbe Materie behandelt und sich auf jenen Brief an die Cardinäle bezieht, erklärt er die letzte Art der Simonie für die schlimmste, da in ihr auch die beiden anderen enthalten seien, da dadurch der Priester sich selbst verkaufe.[6]) Zu dieser Ausdehnung des Begriffes der Simonie treiben D. keine Nebenabsichten, sondern nur seine ideale Auffassung vom Priesterstande, der wir schon öfter begegnet sind. Es ist ihm ein Gräuel, dass Priester das Feldlager des Königs begleiten,[7]) an seinem Hofe sich weltlichem Treiben hin-

---

gemeine Geschichte der christlichen Kirche V, 273) und in der an jene Kapläne selbst gerichteten ep. 5,13 (opp I, 82—83). — Auch Humbert a. a. O. III, 1—5 (Martene Thes. V, 769 ff.) bekämpft jene Ansicht, aber mit weniger treffenden Argumenten und ohne dass eine Anlehnung Ds an sie bemerkbar wäre.

1) ep. 5,13 vergleicht er die Zusammengehörigkeit der kirchlichen Würde und kirchlichen Güter mit der untrennbaren Vereinigung der göttlichen und menschlichen Natur in Christus.

2) ep. 1,13: enimvero nisi per hanc investituram ille — princeps — secuturi sacerdotii tibi prius imprimeret titulum, futurus ordinator nequaquam per manus impositionem sacerdotii tibi traderet sacramentum.

3) ep. 2,1 (opp. III, 26. 27.)

4) Nach dem Vorgange von Gregor I., wie O. Meltzer, Papst Gregors VII. Gesetzgebung und Bestrebungen in Betreff der Bischofswahlen, 1869, p. 31, n. 2 bemerkt, zählt D. drei Arten von munera auf: munus a manu, munus ab obsequio, munus a lingua; sie seien pecunia, obedientia subjectionis, favor adulationis (assentationis). — Schon Humbert III, 20—22 (Martene Thes. V, 804 ff.) hatte in ähnlicher Weise jene beiden Arten der Simonie bekämpft, besonders aber aus dem Grunde, der bei D. wegfällt, weil dadurch die Priester die Laieninvestitur anerkennten und die Könige in ihren Eingriffen in die Rechte der Kirche unterstützten.

5) op. 22; ähnlich auch in ep. 1,13 fin.

6) op. 22,1.

7) ep. 2,1 (opp. I, 26b): Vae his qui et reprehensibiliter vivunt (als Bischöfe) et locum irreprehensibiliter vivendi (das Bischofsamt) adhuc reprehensibilius concupiscunt! Ex his nimirum sunt, qui obliviscentes

geben,[1]) solche Kleriker sind nach ihm nicht einmal mehr Priester, sondern Laien.[2]) Ds hier ausgesprochenen Ansichten beziehen sich aber, was besonders festzuhalten ist, nur auf die, wie er sie nennt, simonistischen Bestrebungen der Kleriker Bischöfe zu werden, aber nicht auf den eigentlichen Act der Investitur durch den König und auf den darin enthaltenen Lehnseid der Bischöfe.[3]) Wir kennen die Ansichten, die sich über die Laieninvestitur in den leitenden Kreisen der päpstlichen Politik seit der Zeit Stephans IX. gebildet hatten, aus der oben angeführten Schrift Humberts,[4]) der in der unkanonischen Besetzung der hohen Kirchenämter den wesentlichsten Grund für die Simonie, für die schmählichen Zustände der Kirche überhaupt erblickt, der die Laieninvestitur für schweren Frevel, die von Laien investirten Bischöfe und die Metropoliten, die diese geweiht, für die ärgsten Ketzer erklärt. Inseressant ist die Stellung Ds zu dieser Frage, die im Allgemeinen schon zu seinen Lebzeiten unter Nicolaus II. und Alexander II. gegen die bisher geltenden Befugnisse der Laien von den römischen Synoden entschieden wurde, ohne jedoch damals schon praktische Bedeutung zu erlangen.[5]) —

---

affectum cognationis et patriae, sequuntur castra regum per ignota et barbara regna terrarum etc. und ib.: (p. 27a): Et cum ab unoquoque horum (munerum) manus excutiendas Propheta denuntiet, omnibus his manus implicasse convincitur, qui nanciscendae dignitatis ambitu potestatum sublimium castra sectatur.

1) Besonders in op. 22 zieht er los gegen solche Clerici aulici oder curiales.
2) ... qui dum non erubescunt templo Dei mutare palatium, de religione Canonica in ordinem transeunt laicorum: op. 22 praef.
3) Meltzer a. a. O. p. 31 meint irrig, D. habe in ep. 2,1 und op. 22,1 die Vergebung geistlicher Würden durch Laien verdammt. Nicht einmal op. 22 praef. bezieht sich auf die Investitur, wie der ganze Zusammenhang dieser Schrift und besonders c. 4 zeigt.
4) S. besonders III. c. 5. 6. 8. 10—16. 22, 29; cf. Giesebrecht, Gesetzgebung der römischen Kirche zur Zeit Gregors VII. (Münchener histor. Jahrbuch 1866) p. 106; Meltzer a. a. O. p. 31 ff.
5) S. den Canon VI. der Ostersynode 1059 (Mansi XIX. 897. 909) und der gewöhnlich in 1063 gesetzten Constantiniana synodus (ib. 1025): Ut per laicos nullo modo quilibet clericus aut presbyter obtineat ecclesiam, nec gratis nec pretio. Der grosse Abstand der Ansicht Ds über die Uebertragung kirchlicher Aemter durch Laienhand von dem Geiste, den diese Synodalbeschlüsse und besonders die Schrift Humberts (auf deren Wichtigkeit erst Giesebrecht aufmerksam gemacht hat) athmen, ist nicht zu leugnen, wenngleich ich zugebe (s. die gleich zu erwähnende Stelle aus ep. 1,13), dass seine principielle Stellung zu der Laieninvestitur durch den Einfluss der Hildebrandianer in den späteren Jahren eine an-

Wir kennen den hohen Ernst, die rücksichtslose Strenge, mit der D. die wirklichen Uebel der Kirche, die Simonie und die Sittenlosigkeit der Priester bekämpfte; wir müssten nach jenen officiellen Auslassungen der hildebrandschen Partei über das Elend, das durch die Laieninvestitur über die Kirche gekommen wäre, erwarten, dass auch D., dem doch das Wohl und Heil der Kirche vor Allem am Herzen lag, ähnliche wenn auch nicht so schroffe Ansichten über sie ausspräche. Doch dem ist nicht so, ein klarer Beweis, wie wenig er mit den politischen Ansichten Hildebrands — denn nur solche lagen von Anfang an seinem Kampfe gegen die Laieninvestitur zu Grunde — übereinstimmte.

Selbstverständlich hielt auch er die freie Wahl des Bischofs durch Klerus und Gemeinde an sich für die kanonische. Schon 1052 führt er das bekannte Decret P. Leos I.[1]) an, das jene anordnete; indessen in ganz anderem Zusammenhange, ohne die Zustände seiner Zeit, in der eine solche Wahl am seltensten geschah, dabei zu berücksichtigen. Wieder ohne die Investitur zu berühren, spricht er in der Disceptatio synodalis[2]) und in der oben genannten Schrift Contra clericos aulicos[3]) von der kanonischen Wahl der Bischöfe. In der letzteren Schrift erkennt er an einer anderen Stelle sogar ausdrücklich das bis dahin geltende Recht der Könige an, er beschwört sie nur, keine Simonisten, von welcher Art sie auch seien, sondern nur tadellose, würdige Priester zu Bischöfen zu bestellen.[4]) Nur an

---

dere geworden ist, als 1046, wo er König Heinrich III. dringend zu der Neubesetzung des erzbischöflichen Stuhls von Ravenna aufforderte (s. oben p. 49.)

1) op. 6,24: Nulla ratio sinit, ut inter Episcopos habeantur, qui nec a Clericis sunt electi, nec a Plebibus expetiti etc., besonders dies benutzt Humbert III, c. 5. 6. bei seiner Opposition gegen die Laieninvestitur.

2) op. 4 (opp. III, 26a).

3) op. 22 praef.: Undecumque tamen sit (episcopus), si ab ipsis quibus est praeponendus eligitur, non extraneus judicatur; er stellt einen solchen Bischof denjenigen gegenüber, die durch obsequium und favor adulationis beim Könige ihr Amt erlangt hätten, aber nicht den Bischöfen, die ohne irgend welche Simonie vom Könige investirt waren; jene nennt er exteri, extranei.

4) op. 22,4 init.: Principibus quoque et quibuslibet ordinatoribus Ecclesiarum summopere cavendum est, ne sacra loca, non considerato divino judicio, sed pro arbitrio et ad libitum praebeant etc. Er führt ihnen als warnendes Beispiel den Kaiser Valens vor, der den Gothen Arianer statt Katholiken als Bischöfe geschickt habe und dafür nach göttlicher Vergeltung von ihnen besiegt und getödtet sei.

einer einzigen Stelle[1]) — und in wie vielen Schriften bekämpft er die Simonie! — erklärt er die Ernennung der Bischöfe durch die weltlichen Fürsten für ungerecht, aber auch hier nimmt er sie als etwas Thatsächliches, gleichsam historisch Gewordenes ruhig hin, ohne weiter dagegen anzukämpfen, ohne darin einen Nachteil für die Kirche zu erblicken. Gerade wenn man die Art seines Kampfes gegen die Simonie mit dieser Verdammung, wenn sie so genannt werden kann, der Laieninvestitur vergleicht, so erkennt man, wie verschieden seine Auffassung von der Kirchenreform ist von der neuen hierarchischen Hildebrands und seiner unbedingten Anhänger. D. will ungestörten Frieden zwischen Papst- und Kaisertum für jetzt und alle Zeiten; schon deshalb konnte er nicht in die Opposition, die diesem eins seiner wesentlichsten Rechte, wie es die Investitur war, nehmen wollte, eintreten. —

In wie weit D. bei den von Stephan IX. auf mehreren römischen Synoden gegen Nicolaitismus und die Ehen der Laien in verbotenen Graden gerichteten Beschlüssen[2]) beteiligt war, wissen wir nicht; sicher zollte er ihnen seinen vollen Beifall.[3]) So oft er später jenen Papst erwähnt, ist er voll Lobes über seinen Pontificat.[4]) Auch erhielt er

---

1) In der oben genannten ep. 1,13 an Alexander II. (opp. I, 10a): cavenda sit haeresis (simoniaca) et saecularibus Principibus, qui licet injuste, aliquo modo tamen Ecclesias futuris Rectoribus tradunt. — Helfenstein a. a. O. giebt p. 49 die Sätze p. 9a: atque ideo necesse jam non est — sacerdotii tibi traderet sacramentum ganz unrichtig wieder [freilich gestehe ich, dass die Worte atque ideo necesse jam non est ut Episcopo, qui tibi praeferendus est, sis subjectus unverständlich sind; man würde erwarten „und dann ist es überhaupt nicht mehr nötig, dass du die Weihe empfängst". Die Stelle ist corrumpirt] und meint irrig (p. 50), D. habe in dieser ep. 1,13 „das Unhaltbare aller Gründe dargethan, die man für die königliche Investitur vorbrachte." Auch davon habe ich nichts finden können, was Helfenstein p. 51 angiebt: „D. habe hier die Investiturfrage nach den Gesetzen der Vernunft und des Kirchenrechts aufgefasst und betrachtet"; s. dagegen oben p. 68. 69. — Auch Voigt, Gregor VII. p. 179 sagt ebenso falsch: „D. that dar, dass eigentlich jede Gelangung zu einem kirchlichen Amte oder zu kirchlichem Gute durch die Weltlichen abscheuliche Simonie sei."
2) Jaffé p. 382.
3) Ueber die Zunahme der unkanonischen Ehen hatte er auch in jenem Schreiben an seine Collegen geklagt: ep. 2,1 (opp. I, 25b).
4) op. 28,1: Dionysius etiam .. ac Stephanus nuper defunctus, ex Monachis fuisse leguntur, qui tamen Apostolicam Sedem gloriosissime gubernarunt; op. 18, II, 6 preist er Stephans energische Massregeln gegen die unkeuschen Priester Roms: alio quoque tempore cum Papa Stephanus qui zeli Phinees aemulabatur ardorem etc.

von ihm die Verwaltung¹) des seinem Avellana benachbarten Bistums Gubbio,²) wahrscheinlich nach dem Tode des noch am 7. Juli 1057 nachweisbaren Bischofs Guido.³) Neue Gefahren brachen über den päpstlichen Stuhl herein, als Stephan schon am 29. März 1058 zu Florenz starb. Wieder begann das alte Treiben; ein Adelspapst, Bischof Johann von Velletri, wurde am 5. April gewaltsam inthronisirt. Aller Widerstand, alle Bannflüche Ds und der übrigen in Rom anwesenden Cardinalbischöfe halfen nichts, sie mussten fliehen⁴); D. eilte nach Avellana.⁵) Zu seinem Schmerze über jene an die schmähliche Zeit Benedicts IX. erinnernden Vorgänge kam noch eine persönliche Sache, die ihm viel Kummer machen musste. Wir wissen, dass schon unter Leo IX. D. durch sein freimütiges Wesen sich manche Gegner zugezogen hatte, auch unter Stephan IX. fand er deren genug⁶) und sein wunderliches mönchisches Treiben mag ihm auch manchen Spott in Rom eingebracht haben. Jetzt traf ihn eine neue Beschuldigung. Vasallen eines Faentiner Grafen Guido⁷) erschienen bei Hildebrand, als er auf der Rückreise von Deutschland nach Rom im April 1058 wegen der Usurpation Benedicts in Florenz geblieben war, und klagten D. an, er habe eins seiner Klöster⁸) auf ihnen gehörigem Grund und Boden erbauen lassen. Hildebrand schenkte ihnen Glauben, ohne die Sache näher zu untersuchen. Sowie D. davon erfuhr, übersandte er ihm ein Rechtfertigungsschreiben.⁹) Er spricht zunächst darin seinen Dank aus, dass der „Archidiakon" überall auf

---

1) Das rechtliche Verhältniss Ds zu jenem Bistum ist nirgends klar bezeichnet; dass er wirklich Bischof von Gubbio gewesen wäre, wie die A. C. II, 191 und 333 meinen, ist nicht nachzuweisen.
2) ep. 1,14 (an Alexander II.) init.: Quod Eugubina Ecclesia, quae mihi dudum a vestris decessoribus est commissa, etc.
3) Er unterschreibt eine Bulle Victors II. von jenem Tage bei Mansi XIX, 858, Jaffé n. 3313. — Auf Ds Veranlassung wurde dann sein Schüler Rudolf (s. oben p. 39 n. 8) Bischof, doch scheint er selbst stets die oberste Aufsicht über das sehr heruntergekommene Bistum (cf. Vita Rodulfi c. 2 fin. opp. I, 234a) behalten zu haben: cf. ep. 1,14.
4) D. berichtet selbst über die Erhebung Benedicts X. ep. 3,4. Die Vorgänge in Rom nach Stephans Tod sind oft dargestellt, cf. Giesebrecht III, 23 ff, Will II, 142 ff.
5) Wie aus op. 20 init. und ep. 2,9 hervorgeht; nicht nach Monte-Cassino, wie Höfler II, 296 und Gfrörer I, 586 auf Grund von Leo Ost. II, 99 (der von Bischof Petrus von Tusculum spricht) annehmen.
6) Hierüber und über das Folgende s. ep. 2,9.
7) Näheres über ihn s. A. C. II, 188 ff.
8) Vermutlich Acereta oder Gamugnium.
9) ep. 2,9 (über ihre Datirung s. Anhang.)

seiner Reise nach dem kaiserlichen Hofe sein Lob verbreitet, dass dieses Wohlwollen ihn und seine Freunde wieder aufgerichtet, seinen Feinden den verläumderischen Mund geschlossen habe. Dann geht er auf jene Anschuldigungen ein und beweist seine Unschuld. Er wundert sich zwar, dass Hildebrand seinen Verläumdern geglaubt, da er sonst sich immer vorsichtig und streng gegen lügnerische Verdächtigungen gezeigt habe. Doch will er dies dem „klugen und heiligen Manne" nicht nachtragen, der sonst immer in enger Freundschaft mit ihm gelebt,[1]) habe es doch auch vom Apostel Jacob geheissen: „O, auch der Gerechte hat geirrt." Er bittet Gott, die Liebe, welche Hildebrand ihm bewiesen, vielfältig zu belohnen und ihm gnädig zu verzeihen, dass er den Verläumdern geglaubt habe.

So freundschaftlich auch dieses Schreiben lautet, muss doch schon unter Stephan IX. das Verhältniss beider Männer nicht mehr so ungetrübt gewesen sein, wie es D. hier darstellt. Wenigstens deutet darauf hin ein Gespräch,[2]) das dieser im März 1058, als Hildebrand schon drei Monate von Rom abwesend gewesen war, mit Abt Hugo von Cluny[3]) über ihn führte. Dieser äusserte damals zu D.: „Hildebrand weiss nicht, dass du so innige Liebe zu ihm hegst; denn wüsste er es, er würde sie sicher erwidern." Und in einem aus dem Ende dieses Jahres stammenden Briefe[4]) sagt D. von Hildebrand, dieser habe ihn immer halb wie ein Tyrann halb wie ein Freund behandelt. Es ist zwar unmöglich, Genaueres über den Ursprung dieser Misshelligkeiten festzustellen; aber jedenfalls führten dazu keine politische Differenzen, die erst unter Alexander II. unzweifelhaft zwischen ihnen zu Tage traten, und ebenso sicher — das beweisen jene Worte Hugos — gab D. zu ihnen nicht den Anlass. Vielmehr scheint die schon seit der Zeit Victors II. sich

---

1) opp. I, 35b unten: Quid itaque de te dicam, qui quamquam primo foederatae concordiae circa me jura servaveris, quandoque tamen etc.
2) ep. 2,8 (an Hildebrand).
3) Dieses ist der dort erwähnte Domnus Cluniacensis, nicht wie Mitt. II, 250 meint, der Cardinal Stephan, der schon von Leo IX. von Cluny, wo er einfacher Mönch gewesen, nach Rom berufen war. Auf diesen würde jene Bezeichnung wenig passen und noch viel weniger das „qui tibi non est ignotus", da Stephan ja der vertrauteste Freund Hildebrands war, wie ihn auch D. immer bezeichnet. Jenes Gespräch muss in den März 1058 fallen (Hugos Anwesenheit in Rom zu dieser Zeit beweist R. Lehmann, Forschungen zur Geschichte Abts Hugo p. 87), da Hugo darauf erst zu Ostern 1063 wieder in Rom war (Lehmann p. 89) und die ep. 2,8 sicher vor 1063 geschrieben ist.
4) op. 20,1: Sec hic forte blandus ille tyrannus, qui mihi Neroniana semper pietate condoluit etc.

immer mehr entwickelnde despotische Natur Hildebrands,[1]) die keinen Widerspruch des freimütigen D., der nur sein Werkzeug sein sollte, duldete, die Ursache des in den folgenden Jahren immer stärker hervortretenden Zwiespalts beider Männer gewesen zu sein. Zunächst hatte Hildebrand höhere Interessen im Auge, als dass er sich mit dem grollenden Eremiten von Avellana hätte befassen können. Im Einverständniss mit dem kaiserlichen Hofe stellte er dem Simonisten Benedict X. Bischof Gerhard von Florenz als Papst gegenüber.[2]) D. begrüsste diese Wahl mit Freuden[3]); schon länger war er mit Gerhard befreundet[4]) und kannte seinen untadelhaften Lebenswandel. Als ihn bald darauf der Erzbischof Heinrich von Ravenna, dem er gleich nach seinem Amtsantritt den liber gratissimus gewidmet hatte und mit dem er auch später in freundschaftlichem Verkehr geblieben war,[5]) um seine Ansicht fragte über die beiden Männer, die sich jetzt Petri Nachfolger nannten, antwortete er sofort.[6]) Benedict X. schildert er als den unfähigsten Menschen von der Welt[7]); er ist empört über dessen Beharrlichkeit in seinem simonistischen Treiben; Gerhard nennt er gutgebildet, einen Mann lebhaften Geistes, keusch und mildthätig. Den Erzbischof, der ihn gebeten hatte, die Antwort geheim zu übersenden, damit er nicht durch ihr Bekanntwerden in Unannehmlichkeiten gerathe, fordert er im Gegenteil auf, sie zu ver-

---

1) Auf die Giesebrecht III, 19 hinweist.
2) cf. Giesebrecht III, 24 ff., der aber mit Unrecht meint, D. habe Gerhard seine Leidenschaft für das Brettspiel zum Vorwurf gemacht, s. oben p. 47 n. 4)
3) S. seine Verse opp. IV, 25: Parva virum magnae debet Florentia Romae, Quae tenet extinctum cogatur reddere vivum: Sic nova Bethlaeis Lux mundo fulsit ab oris.
4) Schon vor 1052 hatte er ihn in Florenz kennen gelernt, s. op. 6,18 init., wo er eine ihm von dem Presbyter Razo praesente Reverendissimo Gerardo suo Episcopo erzählte Geschichte berichtet; op. 19 init. (an Nicolaus II.) spricht er von der antiqua, quam jam dudum circa vos habueram, charitas. — Der in ep. 4,7 erwähnte Florentiner Canoniker Gerard braucht nicht der nachmalige Bischof zu sein (s. Anhang).
5) S. den oben p. 58 n. 3 genannten Brief und ep. 3,4 init.
6) ep. 3,4.
7) Er traut ihm sogar die Dummheit zu, dass er selbst nicht gewusst hätte, dass er nur das Werkzeug der Tusculaner sei. Will II, 146 übersetzt diese Stelle: Ita quippe est homo stolidus — machinari unrichtig. Dass Ds Urtheil über Benedict zu hart ist, hat zuerst Borgia, Istoria della chiesa ... di Velletri, 1723, p. 172 mit Recht bemerkt. Doch dass er, wie Höfler II, 291 und Will II, 146 meinen, von Leo IX. zum Cardinal erhoben sei, halte ich für unerwiesen.

einer einzigen Stelle¹) — und in wie vielen Schriften bekämpft er die Simonie! — erklärt er die Ernennung der Bischöfe durch die weltlichen Fürsten für ungerecht, aber auch hier nimmt er sie als etwas Thatsächliches, gleichsam historisch Gewordenes ruhig hin, ohne weiter dagegen anzukämpfen, ohne darin einen Nachteil für die Kirche zu erblicken. Gerade wenn man die Art seines Kampfes gegen die Simonie mit dieser Verdammung, wenn sie so genannt werden kann, der Laieninvestitur vergleicht, so erkennt man, wie verschieden seine Auffassung von der Kirchenreform ist von der neuen hierarchischen Hildebrands und seiner unbedingten Anhänger. D. will ungestörten Frieden zwischen Papst- und Kaisertum für jetzt und alle Zeiten; schon deshalb konnte er nicht in die Opposition, die diesem eins seiner wesentlichsten Rechte, wie es die Investitur war, nehmen wollte, eintreten. —

In wie weit D. bei den von Stephan IX. auf mehreren römischen Synoden gegen Nicolaitismus und die Ehen der Laien in verbotenen Graden gerichteten Beschlüssen²) beteiligt war, wissen wir nicht; sicher zollte er ihnen seinen vollen Beifall.³) So oft er später jenen Papst erwähnt, ist er voll Lobes über seinen Pontificat.⁴) Auch erhielt er

---

1) In der oben genannten ep. 1,13 an Alexander II. (opp. I, 10a): cavenda sit haeresis (simoniaca) et saecularibus Principibus, qui licet injuste, aliquo modo tamen Ecclesias futuris Rectoribus tradunt. — Helfenstein a. a. O. giebt p. 49 die Sätze p. 9a: atque ideo necesse jam non est — sacerdotii tibi traderet sacramentum ganz unrichtig wieder [freilich gestehe ich, dass die Worte atque ideo necesse jam non est ut Episcopo, qui tibi praeferendus est, sis subjectus unverständlich sind; man würde erwarten „und dann ist es überhaupt nicht mehr nötig, dass du die Weihe empfängst". Die Stelle ist corrumpirt] und meint irrig (p. 50), D. habe in dieser ep. 1,13 „das Unhaltbare aller Gründe dargethan, die man für die königliche Investitur vorbrachte." Auch davon habe ich nichts finden können, was Helfenstein p. 51 angiebt: „D. habe hier die Investiturfrage nach den Gesetzen der Vernunft und des Kirchenrechts aufgefasst und betrachtet": s. dagegen oben p. 68. 69. — Auch Voigt, Gregor VII. p. 179 sagt ebenso falsch: „D. that dar, dass eigentlich jede Gelangung zu einem kirchlichen Amte oder zu kirchlichem Gute durch die Weltlichen abscheuliche Simonie sei."
2) Jaffé p. 382.
3) Ueber die Zunahme der unkanonischen Ehen hatte er auch in jenem Schreiben an seine Collegen geklagt: ep. 2,1 (opp. I, 25b).
4) op. 28,1: Dionysius etiam . . ac Stephanus nuper defunctus, ex Monachis fuisse leguntur, qui tamen Apostolicam Sedem gloriosissime gubernarunt; op. 18, II, 6 preist er Stephans energische Massregeln gegen die unkeuschen Priester Roms: alio quoque tempore cum Papa Stephanus qui zeli Phinees aemulabatur ardorem etc.

von ihm die Verwaltung[1]) des seinem Avellana benachbarten Bistums Gubbio,[2]) wahrscheinlich nach dem Tode des noch am 7. Juli 1057 nachweisbaren Bischofs Guido.[3]) Neue Gefahren brachen über den päpstlichen Stuhl herein, als Stephan schon am 29. März 1058 zu Florenz starb. Wieder begann das alte Treiben; ein Adelspapst, Bischof Johann von Velletri, wurde am 5. April gewaltsam inthronisirt. Aller Widerstand, alle Bannflüche Ds und der übrigen in Rom anwesenden Cardinalbischöfe halfen nichts, sie mussten fliehen[4]); D. eilte nach Avellana.[5]) Zu seinem Schmerze über jene an die schmähliche Zeit Benedicts IX. erinnernden Vorgänge kam noch eine persönliche Sache, die ihm viel Kummer machen musste. Wir wissen, dass schon unter Leo IX. D. durch sein freimütiges Wesen sich manche Gegner zugezogen hatte, auch unter Stephan IX. fand er deren genug[6]) und sein wunderliches mönchisches Treiben mag ihm auch manchen Spott in Rom eingebracht haben. Jetzt traf ihn eine neue Beschuldigung. Vasallen eines Faentiner Grafen Guido[7]) erschienen bei Hildebrand, als er auf der Rückreise von Deutschland nach Rom im April 1058 wegen der Usurpation Benedicts in Florenz geblieben war, und klagten D. an, er habe eins seiner Klöster[8]) auf ihnen gehörigem Grund und Boden erbauen lassen. Hildebrand schenkte ihnen Glauben, ohne die Sache näher zu untersuchen. Sowie D. davon erfuhr, übersandte er ihm ein Rechtfertigungsschreiben.[9]) Er spricht zunächst darin seinen Dank aus, dass der „Archidiakon" überall auf

---

1) Das rechtliche Verhältniss Ds zu jenem Bistum ist nirgends klar bezeichnet; dass er wirklich Bischof von Gubbio gewesen wäre, wie die A. C. II, 191 und 333 meinen, ist nicht nachzuweisen.
2) ep. 1,14 (an Alexander II.) init.: Quod Eugubina Ecclesia, quae mihi dudum a vestris decessoribus est commissa, etc.
3) Er unterschreibt eine Bulle Victors II. von jenem Tage bei Mansi XIX, 858, Jaffé n. 3313. — Auf Ds Veranlassung wurde dann sein Schüler Rudolf (s. oben p. 39 n. 8) Bischof, doch scheint er selbst stets die oberste Aufsicht über das sehr heruntergekommene Bistum (cf. Vita Rodulfi c. 2 fin. opp. I, 234a) behalten zu haben: cf. ep. 1,14.
4) D. berichtet selbst über die Erhebung Benedicts X. ep. 3,4. Die Vorgänge in Rom nach Stephans Tod sind oft dargestellt, cf. Giesebrecht III, 23 ff, Will II, 142 ff.
5) Wie aus op. 20 init. und ep. 2,9 hervorgeht; nicht nach Monte-Cassino, wie Höfler II, 296 und Gfrörer I, 586 auf Grund von Leo Ost. II, 99 (der von Bischof Petrus von Tusculum spricht) annehmen.
6) Hierüber und über das Folgende s. ep. 2,9.
7) Näheres über ihn s. A. C. II, 188 ff.
8) Vermutlich Acereta oder Gamugnium.
9) ep. 2,9 (über ihre Datirung s. Anhang.)

seiner Reise nach dem kaiserlichen Hofe sein Lob verbreitet, dass dieses Wohlwollen ihn und seine Freunde wieder aufgerichtet, seinen Feinden den verläumderischen Mund geschlossen habe. Dann geht er auf jene Anschuldigungen ein und beweist seine Unschuld. Er wundert sich zwar, dass Hildebrand seinen Verläumdern geglaubt, da er sonst sich immer vorsichtig und streng gegen lügnerische Verdächtigungen gezeigt habe. Doch will er dies dem „klugen und heiligen Manne" nicht nachtragen, der sonst immer in enger Freundschaft mit ihm gelebt,[1]) habe es doch auch vom Apostel Jacob geheissen: „O, auch der Gerechte hat geirrt." Er bittet Gott, die Liebe, welche Hildebrand ihm bewiesen, vielfältig zu belohnen und ihm gnädig zu verzeihen, dass er den Verläumdern geglaubt habe.

So freundschaftlich auch dieses Schreiben lautet, muss doch schon unter Stephan IX. das Verhältniss beider Männer nicht mehr so ungetrübt gewesen sein, wie es D. hier darstellt. Wenigstens deutet darauf hin ein Gespräch,[2]) das dieser im März 1058, als Hildebrand schon drei Monate von Rom abwesend gewesen war, mit Abt Hugo von Cluny[3]) über ihn führte. Dieser äusserte damals zu D.: „Hildebrand weiss nicht, dass du so innige Liebe zu ihm hegst; denn wüsste er es, er würde sie sicher erwidern." Und in einem aus dem Ende dieses Jahres stammenden Briefe[4]) sagt D. von Hildebrand, dieser habe ihn immer halb wie ein Tyrann halb wie ein Freund behandelt. Es ist zwar unmöglich, Genaueres über den Ursprung dieser Misshelligkeiten festzustellen; aber jedenfalls führten dazu keine politische Differenzen, die erst unter Alexander II. unzweifelhaft zwischen ihnen zu Tage traten, und ebenso sicher — das beweisen jene Worte Hugos — gab D. zu ihnen nicht den Anlass. Vielmehr scheint die schon seit der Zeit Victors II. sich

---

1) opp. I, 35b unten: Quid itaque de te dicam, qui quamquam primo foederatae concordiae circa me jura servaveris, quandoque tamen etc.
2) ep. 2,8 (an Hildebrand).
3) Dieses ist der dort erwähnte Domnus Cluniacensis, nicht wie Mitt. II, 250 meint, der Cardinal Stephan, der schon von Leo IX. von Cluny, wo er einfacher Mönch gewesen, nach Rom berufen war. Auf diesen würde jene Bezeichnung wenig passen und noch viel weniger das „qui tibi non est ignotus", da Stephan ja der vertrauteste Freund Hildebrands war, wie ihn auch D. immer bezeichnet. Jenes Gespräch muss in den März 1058 fallen (Hugos Anwesenheit in Rom zu dieser Zeit beweist R. Lehmann, Forschungen zur Geschichte Abts Hugo p. 87), da Hugo darauf erst zu Ostern 1063 wieder in Rom war (Lehmann p. 89) und die ep. 2,8 sicher vor 1063 geschrieben ist.
4) op. 20,1: Sec hic forte blandus ille tyrannus, qui mihi Neroniana semper pietate condoluit etc.

immer mehr entwickelnde despotische Natur Hildebrands,[1]) die keinen Widerspruch des freimütigen D., der nur sein Werkzeug sein sollte, duldete, die Ursache des in den folgenden Jahren immer stärker hervortretenden Zwiespalts beider Männer gewesen zu sein. Zunächst hatte Hildebrand höhere Interessen im Auge, als dass er sich mit dem grollenden Eremiten von Avellana hätte befassen können. Im Einverständniss mit dem kaiserlichen Hofe stellte er dem Simonisten Benedict X. Bischof Gerhard von Florenz als Papst gegenüber.[2]) D. begrüsste diese Wahl mit Freuden[3]); schon länger war er mit Gerhard befreundet[4]) und kannte seinen untadelhaften Lebenswandel. Als ihn bald darauf der Erzbischof Heinrich von Ravenna, dem er gleich nach seinem Amtsantritt den liber gratissimus gewidmet hatte und mit dem er auch später in freundschaftlichem Verkehr geblieben war,[5]) um seine Ansicht fragte über die beiden Männer, die sich jetzt Petri Nachfolger nannten, antwortete er sofort.[6]) Benedict X. schildert er als den unfähigsten Menschen von der Welt[7]); er ist empört über dessen Beharrlichkeit in seinem simonistischen Treiben; Gerhard nennt er gutgebildet, einen Mann lebhaften Geistes, keusch und mildthätig. Den Erzbischof, der ihn gebeten hatte, die Antwort geheim zu übersenden, damit er nicht durch ihr Bekanntwerden in Unannehmlichkeiten gerathe, fordert er im Gegenteil auf, sie zu ver-

---

1) Auf die Giesebrecht III, 19 hinweist.
2) cf. Giesebrecht III, 24 ff., der aber mit Unrecht meint, D. habe Gerhard seine Leidenschaft für das Brettspiel zum Vorwurf gemacht, s. oben p. 47 n. 4)
3) S. seine Verse opp. IV, 25: Parva virum magnae debet Florentia Romae, Quae tenet extinctum cogatur reddere vivum: Sic nova Bethlaeis Lux mundo fulsit ab oris.
4) Schon vor 1052 hatte er ihn in Florenz kennen gelernt, s. op. 6,18 init., wo er eine ihm von dem Presbyter Razo praesente Reverendissimo Gerardo suo Episcopo erzählte Geschichte berichtet; op. 19 init. (an Nicolaus II.) spricht er von der antiqua, quam jam dudum circa vos habueram, charitas. — Der in ep. 4,7 erwähnte Florentiner Canoniker Gerard braucht nicht der nachmalige Bischof zu sein (s. Anhang).
5) S. den oben p. 58 n. 3 genannten Brief und ep. 3,4 init.
6) ep. 3,4.
7) Er traut ihm sogar die Dummheit zu, dass er selbst nicht gewusst hätte, dass er nur das Werkzeug der Tusculaner sei. Will II, 146 übersetzt diese Stelle: Ita quippe est homo stolidus — machinari unrichtig. Dass Ds Urtheil über Benedict zu hart ist, hat zuerst Borgia, Istoria della chiesa . . . di Velletri, 1723, p. 172 mit Recht bemerkt. Doch dass er, wie Höfler II, 291 und Will II, 146 meinen, von Leo IX. zum Cardinal erhoben sei, halte ich für unerwiesen.

öffentlichen, damit alle Welt klar würde über die Gefahr, die ihr drohe.

D. hatte in dieser Zeit genug Musse gehabt, sich wieder seinen mönchischen Beschäftigungen und asketischen Uebungen, von denen er sich im vorigen Jahre nur schwer hatte trennen können, ganz und ungestört hinzugeben. Der Gegensatz des einsamen Büsserlebens in Avellana und seines Aufenthaltes in Rom, wo er mit Notwendigkeit in die ihm so verhassten weltlichen Geschäfte und Händel verflochten wurde,[1] war ihm in seiner ganzen Schärfe klar zum Bewusstsein gekommen. Wie verdienstlich musste ihm die Askese eines Dominicus, eines Leo von Sitria erscheinen, gegenüber dem Treiben seiner Collegen, der Cardinäle in Rom, die sicher wenig den strengen, übertriebenen Anforderungen entsprochen hatten,[2] die er in seinem ersten Schreiben als Bischof an sie gestellt hatte.[3] Er sah mit Recht ein, dass er nicht in die ihm aufgezwungene Umgebung passte, und entschloss sich fest, seinem hohen Kirchenamte auf immer zu entsagen; glaubte er doch auch, wie jener Brief an den Ravennater Erzbischof zeigt, dass er auch von Avellana aus, ebenso wie vor seinem Episcopat, hinfort genug für die Sache der Reform wirken könne. Er eilte nach Florenz zu Gerhard, dem designirten Papst,[4] um ihm seinen Entschluss kundzuthun.[5] Besonders bei Hildebrand aber stiess er, wie die späteren Briefe Ds in dieser Angelegenheit erkennen lassen, auf den heftigsten Widerstand; mit Bitten und Drohungen suchte ihn jener von seinem Vorhaben abzubringen, denn noch oft gedachte er seine Dienste in Anspruch zu nehmen. Aber D. blieb fest, verzichtete auf sein Amt und eilte, wie er meinte auf immer

---

1) S. op. 19, 5.
2) cf. op. 20,7, wo er zwar aus Höflichkeit sich allein anklagt: Nam ut me solum digne coarguam, videtis ipsi, quia protinus, ut ad vos venio: ecce sales, ecce facetiae, lepores . . . insolenter erumpunt, quae nos non jam Sacerdotes, sed potius oratores ac rhetores sive . . . scurras ostendunt etc. und besonders op. 19,5.
3) S. oben p. 68.
4) op. 20,1: Benedicta omnipotens dispensatio Conditoris, quia ad vos nuper ascendens duorum Episcopatuum, unius regendi, alterius visitandi mole depressus, praerupta Alpium juga transmisi, moxque sarcina tribulationis abjecta, exoneratus et liber, ad dilectam solitudinem tamquam fugitivus postliminio repedavi. Mit den Alpes sind, wie auch sonst öfter, die Apenninen gemeint; cf. Du Cange, s. v. Alpes.
5) op. 20,1: quia vos Apostolica Sedes, vos Romana estis Ecclesia… integrum mihi visum est non adire fabricam lapidum; sed eos potius, in quibus viget ipsius Ecclesiae sacramentum. — Ueber seine Bemühungen, den Papst zu überreden, s. noch op. 19 praef.

befreit von ihm, nach Avellana zurück.[1]) Von hier aus suchte er in einem Schreiben an Gerhard und Hildebrand[2]) noch einmal seine Abdication zu rechtfertigen. Er beginnt mit Klagen darüber, dass sie ihn seit seiner Rückkehr in das Kloster noch keines Briefes, auch nicht eines Wortes gewürdigt, während sie ihn doch, als er bei ihnen gewesen, liebevoll und zärtlich behandelt hätten.[3]) Er geht dann auf seine Abdication über, gesteht, dass ihm nach einer Beichte wegen jenes Schrittes eine 100jährige Busse gemäss den mönchischen Regeln auferlegt sei und bittet den Papst, wenn das noch nicht genüge, ihn noch schwerer zu bestrafen, auch Gefängniss scheue er nicht. Wohl weiss er, dass ihn Hildebrand deshalb schmähen, es ihm als Feigheit auslegen werde. Mit freier Ironie sagt er von ihm: Wohl wird jener schmeichelnde Tyrann, der mich mit der Liebe eines Nero immer bemitleidete, der mich mit Maulschellen liebkoste, der mich mit Adlerkrallen streichelte, über mich losziehen, dass ich, während die Anderen im Kampfe für die Kirche stritten, unedle Musse unter dem Schein der Busse suchen wolle. Aber er antworte seinem „heiligen Satan", dass er ihn und den Papst im Kampfe begleiten und die Waffen tragen wolle, nachdem sie aber mit Jesu Führung gesiegt, werde er sich zurückziehen.[4]) Ausdrücklich spricht er den Wunsch aus, Gerhard noch als römischen Bischof weihen zu können.[5]) An der Hand der Kirchengeschichte sucht er dann nachzuweisen, dass die Abdication eines Bischofs, wenn die Notwendigkeit dazu vorhanden, nicht unkanonisch sei; vollends jetzt, wo die Bischöfe, anstatt ihren geistlichen Pflichten obzuliegen, als Krieger mit ihren Mannen ins Feld zögen, wo sie ganz in weltliche Genüsse versenkt wären, wo sie die Kirchengüter an Laien verschleuderten, sei es nicht unerlaubt, sich aus ihrer Gemeinschaft zurück-

---

1) S. p. 76 n. 4; auch die Visitation über ein anderes Bistum gab er dem Papste zurück; dies kann nur Gubbio sein; wahrscheinlich hatte er die Visitation darüber bekommen, als Bischof Rudolf auf eine Zeitlang ganz seine Amtsgeschäfte aufgegeben hatte; s. Vita Rodulfi c. 2 (opp. II, 234).
2) op. 20 (über seine Datirung s. Anhang). Bezeichnend ist schon die Adresse: Dilectissimo Apostolicae Sedis Electo et Virga Assur Hildebrando; den Titel Virga Assur pflegt er sonst nur seinen ärgsten Feinden zu geben.
3) op. 20, praef. Er vergleicht dieses Benehmen sehr wenig respectvoll mit der Natur der Luchse.
4) op. 20,1.
5) c. 7 fin.: Nos etiam ... Apostolicae Sedis, auctore Deo, cupimus Pontificem ordinare, ac protinus a proprii Pontificatus arce recedere.

zuziehen.¹) Ausserdem beruft er sich auf seine geschwächte Gesundheit und die zunehmenden Wirkungen des Alters, auf seinen aufgeregten Gemütszustand, der ihn zu Contemplation und stiller Busse nötige.²) Wie solle er Andere regieren, da er sich selbst vor den vielen Gefahren und Schlingen dieser Welt nicht bewahren könne, da ihn die Wurzel der Laster nicht verlasse?³) Den Papst und Hildebrand bittet er, ihn nicht wieder zu belästigen, ihn nicht wieder in den „Schlund der Scylla" zu stürzen; Gott fleht er an, den armen Petrus aus den Händen Hildebrands zu befreien, wie er einst den grossen Petrus aus dem Gefängniss des Herodes erlöst habe.⁴)

Aber alle diese mündlich und schriftlich vorgetragenen Klagen und Bitten waren vergebens, auf seines heiligen Satan Betrieb schlug ihm der Papst entschieden die Erfüllung seines Wunsches ab, da das Interesse der römischen Kirche, der der Untergang drohe, es nicht gestatte.⁵) Er gab sich auch auf einige Zeit zufrieden, teils wegen der Noth des apostolischen Stuhls, teils wegen seiner alten Liebe zu Gerhard,⁶) wie er ja auch bis zu dessen Inthronisation hatte ausharren wollen. Wir dürfen wohl annehmen, obgleich es nicht ausdrücklich bezeugt ist, dass er seinen Wunsch, Gerhard zum Papste zu weihen, ausführte (²⁴/₁. 1059⁷)). Schon jetzt oder kurze Zeit darauf wurde ihm auch die Verwaltung des durch die Absetzung Benedicts X.⁸) erledigten Bistums Velletri übertragen, in dem er besonders die Rückkehr des Klerus zum kanonischen Zusammenleben und die Annahme der in Avellana gebräuchlichen askctischen Uebungen, wie des Fastens und des Geisselns durchsetzte.⁹)

---

1) c. 2 und 3 init.
2) c. 5 und 6.
3) c. 5. 7.
4) c. 7.
5) op. 19 praef.
6) ib.
7) Jaffé p. 384.
8) S. Giesebrecht III, 43. Worauf sich die Behauptung Cassanders, Das Zeitalter Hildebrands, p. 25 n. 2 stützt, „Urkunden erweisen auch, dass Benedict nie aufgehört hat, seine Bischofswürde zu bekleiden," weiss ich nicht.
9) op. 34, II, praef.: Refero tibi de Canonicis nostris, S. videlicet Velitrensis Ecclesiae, quia qui sub multis laboribus nostris ... incorrigibiles videbantur, jam ... resipiscunt etc.; man sieht deutlich, in welchem Sinne D. die Reformation der Weltgeistlichkeit auffasste. — Am 11|6. 1065 erteilte P. Alexander II. auf Ds Bitten den Presbytern Velletris Privilegien: Jaffé n. 3402. Mitt. II, App. 200.

Wahrscheinlich blieb das Bistum bis zu Ds Tode unter seiner Verwaltung.¹) —

Bekannt ist, wie von jetzt an Hildebrand, durchaus und allein die Seele der römischen Politik, unablässig und energisch die Errichtung der päpstlichen Theokratie verfolgte, wie er sich dazu mit allen Gewalten Italiens — auf das er zunächst angewiesen war —, die irgendwie seinen Plänen dienen konnten, in Verbindung setzte.²) So suchte er Fühlung mit den Normannen in Unter-, mit der in Ober-Italien emporgekommenen Pataria. Auch das Eremitentum, dessen Einfluss auf die Masse er sehr gut erkannte, hat er gewiss zu benutzen gesucht, wenngleich im Einzelnen dessen Anteil an seinen politischen Plänen noch nicht nachgewiesen ist.³)

Vor Allem aber war nötig, dass die kirchliche Obergewalt Roms über alle anderen Bistümer Italiens gesichert wurde und hier war der Punkt, wo D. sich als das ergebenste Werkzeug Hildebrands erwies.

In den letzten Jahrhunderten hatte in Ober-Italien die Mailänder Kirche eine von der römischen fast unabhängige Stellung eingenommen; Benedicts VIII. und Leos IX. Versuche dies zu ändern, waren erfolglos gewesen. Dafür hatte seit 1056 eine revolutionäre Bewegung, die von einigen für die kirchlichen Reformbestrebungen eifrig eintretenden Priestern ausging, in Verbindung mit der demokratischen der Pataria den Kampf gegen den Mailänder Erzbischof — es regierte damals Wido — begonnen und ihr hatte sich, da sie ausserdem vollständige Unterwerfung der Mailänder Kirche unter Rom versprach, bald die Teilnahme Hildebrands zuge-

---

1) Wenigstens erscheint bis dahin (1072) kein neuer Bischof von Velletri.
2) cf. Giesebrecht III, 27 ff.
3) Vogel, P. D., p. 20—22 lässt meiner Ansicht nach die Eremiten an dem hierarchischen Plane Hildebrands eine zu hervorragende Rolle spielen. Von einer Einwirkung derselben auf die Pataria, wie er sie annimmt, ist in den Quellen nichts zu finden (nicht einmal für die Vallombrosaner in Florenz ist sie zuzugeben, da die Florentiner Bewegung keine patarinische war, s. H. Paech, Die Pataria in Mailand, Sondersh. 1872, p. 42 n. 4), D. handelt in Mailand nur in seiner Eigenschaft als päpstlicher Legat. Auch dass Hildebrand durch die Eremiten auf die alten Benedictinerklöster, besonders Monte-Cassino, einen bestimmenden Einfluss habe ausüben wollen, erscheint mir mindestens fraglich. Nach Monte-Cassino ging D. nur aus eigenem Antriebe; seine Reise nach Cluny hatte auch ganz andere Zwecke, als die Ueberwältigung des Mönchs- durch das Eremitentum. — Endlich darf man die Bestrebungen der übrigen Eremiten nicht mit denen der Avellaner und Ds ohne Weiteres identificiren, wie es Vogel und Meltzer a. a. O. p. 16 n. 1 thun; die Vallombrosaner z. B. waren ungleich fanatischer als die Avellaner. Specialuntersuchungen über die Geschichte der Eremitenorden fehlen noch.

wandt.¹) Immer grössere Dimensionen nahm der Kampf an, von Mailand aus verbreitete er sich auch über die übrige Lombardei. Sowie deshalb in Rom durch die Erhebung Nicolaus' auf den päpstlichen Stuhl Ruhe eingetreten war, erschienen Abgesandte aus Mailand vor dem Papst mit der diesem sehr willkommenen Bitte, sich ihrer zerrütteten Kirche anzunehmen. Unverzüglich schickte er D. als Legaten dorthin ab, den Bischof Anselm von Lucca, der den ersten Anlass zu der Bewegung in Mailand gegeben, gab er ihm als Begleiter mit. Mit Freuden kam D. dem Auftrage nach, galt es doch den Kampf für den päpstlichen Primat und gegen Simonie und Priesterehe, wobei er nie gefehlt.

In Mailand wurde er zwar mit Ehrfurcht empfangen,²) auch fügte sich Erzbischof Wido auf einer Synode, die alle Kleriker der Stadt versammelte und der D. selbst präsidirte, in alle seine Forderungen. Doch der Stolz des wetterwendischen Volkes wurde durch den Klerus aufgereizt; kein Recht, hiess es, habe Rom oder der Papst in Mailand; von jeher habe die Mailänder Kirche frei und unabhängig dagestanden. Ein gewaltiger Sturm brach gegen den Legaten los, man schrie nach seinem Blut; selbst Landulf, der Hauptführer der Pataria, der das Volk völlig beherrscht zu haben glaubte, wurde mit dem Tode bedroht. Doch D. kannte wohl den schwankenden Sinn des Volks und besonders die Unentschlossenheit und Schwäche des Erzbischofs; nachdem er sich mit Mühe Gehör verschafft hatte, stellte er dem Volke in längerer Rede vor, wie alle übrigen Kirchen von Menschen, die römische allein von Christus gegründet sei, dass auch der h. Ambrosius selbst die Oberhoheit Roms über die Mailänder Kirche anerkannt habe Dies genügte ihm den Sieg zu verschaffen, das Volk versprach einmütig seinen Befehlen zu gehorchen und eine genaue Untersuchung über die zahlreichen Kleriker folgte. Da aber kaum einer kanonisch zu seinem Amte gelangt war, sah sich D. sehr

---

1) cf. ausser den allgemeinen Werken, wie Giesebrecht (III, 28 ff. und 40 ff.) noch Paech a. a. O. p. 26 ff., der die Mailänder Legation Ds fast erschöpfend behandelt.

2) Ausser in Mailand schritt er (auf der Hin- oder Rückreise) auch in Lodi gegen die Ehen der Kleriker ein, fand aber bei diesen „fetten Stieren" den heftigsten Widerstand, s. op. 18, II, 3 init. — Dass sich diese Legation auch auf andere Städte der Lombardei, wie auf Brescia, ausgedehnt habe, wie Mitt. II, 205 (er nennt sie Legatio Insubrica) und nach ihm Höfler II, 344 und Andere auf Grund von Flavius Blondus und Sigonius annehmen, überliefern die Quellen nicht. — Dass sie vor die Ostersynode 1059 zu setzen sei, beweist Will II, 158 ff. zur Genüge.

gegen seinen Willen zur Milde gezwungen und mit geringen Strafen und zahlreichen Versprechungen und Eiden glaubte er die Simonie und Priesterehe ausgerottet zu haben. Darin täuschte er sich zwar, von Neuem begannen bald darauf die Kämpfe in Mailand; aber die Freiheit der Mailänder Kirche war dahin, die Unterwerfung ihres Erzbischofs unter den römischen Bischof für immer erreicht; die römische Ostersynode von 1059, auf der auch Wido erschien, besiegelte sie.

D. hat selbst über die Resultate, die er in Mailand erzielt, an Hildebrand berichtet,[1]) froh seines Erfolgs, obgleich noch nicht sicher, dass dieser damit zufrieden sein werde.[2]) Wichtig ist noch der Eingang dieser Schrift. D. erzählt, dass ihn Hildebrand schon früher öfter aufgefordert habe, alle Rechte und Privilegien des apostolischen Stuhls gemäss den Decreten und Thaten der römischen Bischöfe kurz zusammenzustellen, und gerade damals habe jener in der liebevollsten Weise diese Bitte wiederholt, als er von Papst Nicolaus zum Legaten nach Mailand bestimmt sei. Bisher habe er eine solche Arbeit für unnötig gehalten, in Mailand aber sei es ihm klar geworden, dass die Klugheit Hildebrands sich in dieser wie in so vielen anderen Sachen bewährt habe, wie viel es in kirchlichen Angelegenheiten nütze, die Vorrechte der römischen Kirche zu kennen. Seine Absicht, nach Vollendung des Berichts über die Mailänder Legation jene Arbeit auszuführen, hat er zwar nicht erreicht; aber wir erkennen doch aus dem Zusammenhange[3]) jener Schrift, wie er Hildebrands Forderung aufgefasst hat.

---

1) op. 5: Actus Mediolani, de privilegio Romanae Ecclesiae (s. Anhang). — Johannes Laud. c. 16 giebt nur einen Auszug daraus. — Reminiscenzen an die Reise s. noch op. 53,4, wo er von den Gewissensbissen erzählt, die ihm eine von einem Mailänder Abt geschenkte Vase verursacht habe; op. 42,1 berichtet er, dass ihm das wüthende Mailänder Volk mit dem Tode gedroht habe; cf. noch ep. 5,14. — ep. 3,7 gehört nicht hierher, s. Anhang. Ausserdem berichten noch Arnulf, Gesta Episc. Mediol. III, 14 (M. G. SS. VIII, 20. 21) und Bonitho im lib. V. (Jaffé, Bibl. R. G. II, 643) darüber, der letztere teilweise ungenau; er nennt Petrus „virum omni scientia praedictum". — 1067 erwähnen die Legaten Alexanders II. seine Verdienste um die Mailänder Kirche (Mansi, concil. coll. XIX, 946): Quia itaque per confratrem nostrum dominum Petrum Ostiensem episcopum, reverendae sanctitatis virum, quaedam sunt olim in hac urbe correcta etc.
2) op. 5, fin.
3) p. 37a: postulasti, ut . . . quidquid Apostolicae Sedis auctoritati specialiter competere videretur . . . in parvi voluminis unionem novae compilationis arte conflarem; und p. 38a: Tunc nimirum liquido persensi, in Ecclesiasticis causis quantum Romanae Ecclesiae nosse Privile-

Die Vorrechte des apostolischen Stuhls bestehen ihm nur darin, dass die römische Kirche über alle anderen gesetzt sei, dass deshalb dem römischen Bischof alle übrigen Kirchenfürsten unterthan wären. Es ist deutlich, wie sich Ds Verhältniss zu Hildebrand wieder freundschaftlicher gestaltet hat, welche hohe Meinung dieser von Ds Kenntnissen und Eifer für den apostolischen Stuhl hegte, zugleich aber, dass D. damals noch nicht entfernt Hildebrands politische Pläne und ebensowenig dieser jenes Abneigung gegen sie erkannt hat. [1])
In die Zeit zwischen der Inthronisation Nicolaus' II. und der Mailänder Legation fällt noch eine Unterredung, die D. im Auftrage des Papstes mit einigen nicolaistischen Bischöfen hatte. [2]) Seinen Zweck, diese gütlich zu bestimmen, von ihrem Umgang mit Frauen abzulassen, erreichte er nicht; sie behaupteten, es sei ihnen unmöglich keusch zu leben, und sie fürchteten auch nicht von einem Synodalspruch getroffen zu werden. D. klagte in seinem Bericht an den Papst von jener Unterredung [3]) darüber, dass die Kleriker gerade nur in ihrer geschlechtlichen Aufführung nicht streng überwacht würden wegen des zu befürchtenden Spottes der Laien. Eben deshalb, weil die Unsittlichkeit der Priester und Bischöfe im Munde des Volkes wären, dürfte auf der Synode diese Sache nicht unterdrückt werden. [4]) Die Unzucht der Bischöfe besonders müsste am strengsten bestraft

---

gium valeat; quamque hoc sancta tua prudentia non otiose deposcat. Quod utique, Deo annuente, implere studebimus, si tamen hujus rei gestae prius ordinem digeramus; (auch der Titel der Schrift ist zu beachten). D. hält also die Vorrechte der römischen Kirche und des apostolischen Stuhls für identisch; weltliche Rechte desselben kennt er nicht.

1) Giesebrecht hat seine in dem Münch. Histor. Jahrb. 1866 p. 109 (Gesetzgebung der römischen Kirche) hingestellte Ansicht: „Als D. nach Mailand ging, habe er begriffen, wohin Hildebrand mit jenem Auftrage zielte" etc., in der „Kaiserzeit" nicht wiederholt.

2) S. op. 17 praef. Vor die Ostersynode muss diese Mission fallen, da in Ds Bericht von den Beschlüssen derselben gegen die Priesterunzucht keine Rede ist; näher lässt sie sich chronologisch nicht fixiren.

3) op. 17 de Coelibatu Sacerdotum (oder de Incontinentia Episcoporum: opp. IV, 89). Wills Ansicht (II, 188 ff.), D. habe es für die auf der Ostersynode versammelten Bischöfe bestimmt und es sei dort wahrscheinlich vorgelesen, ist unbegründet; ebenso die Voigts p. 52, dass jenes Colloquium mit der Mailänder Legation in Verbindung zu setzen sei; Leo, Vorlesungen über die Geschichte des deutschen Volks und Reichs II, 308, meint sogar, Nicolaus II. habe D. beauftragt, mit den lombardischen Bischöfen wegen Aufhebung des von ihnen über Ariald verhängten Bannes zu unterhandeln, und ihn, als dies fruchtlos gewesen, nach Mailand geschickt.

4) praef.

werden, es hülfe zu nichts, wenn nur gegen die niederen Kleriker eingeschritten würde.¹) Den Papst, sagt D. vorsichtig, wage er nicht im Geringsten wegen seiner Nachsicht gegen die nikolaistischen Bischöfe zu tadeln²); aber nachdem er eine zornige Apostrophe an diese losgelassen,³) wendet er sich doch direct gegen den Papst: Was könne er Schlechteres thun, als die wollüstigen Bischöfe schonen; er möge sich davor hüten, dereinst vor dem höchsten Richter schuldig befunden zu werden; für noch längeres unzeitiges Mitleid werde er den Zorn Gottes ernten.⁴)

Ds Forderungen entsprachen die Beschlüsse der Ostersynode vom 13. April 1059 — der auch er beiwohnte⁵) — nicht ganz; sie betreffen nur im Allgemeinen die beweibten Priester⁶); von Massregeln gegen die nikolaistischen Bischöfe erfahren wir nichts. Auch die schon oft behandelte Frage, wie es mit den von Simonisten gratis geweihten Priestern gehalten werden sollte, wurde nach langem Streite gegen die von D. 1052 dargelegte Auffassung⁷) entschieden⁸); zwar versprach er Gehorsam gegen diesen Beschluss, „obgleich er das früher Gültige hinfort verbiete", wie gegen jedes andere noch heilsamere Synodaldekret.⁹)

Der folgenschwerste Beschluss jener Synode war bekanntlich das berühmte Dekret über die Papstwahl. Nach demselben wurde der eigentliche Wahlact den Cardinalbischöfen übertragen, dem übrigen Klerus und Volk von Rom nur ein formelles Zustimmungsrecht gelassen, dem deutschen König und denjenigen seiner Nachfolger, die dies Recht persönlich vom apostolischen Stuhl erworben haben würden, bei der Neubesetzung desselben gewisse Befugnisse eingeräumt, die aber absichtlich nicht klar bestimmt wurden.¹⁰)

---

1) c. 1. 2.
2) c. 2 fin.
3) c. 3.
4) c. 4.
5) Er unterschreibt das Papstwahldecret an 4. Stelle: Petrus Ostiensis episcopus subscripsi (Hugonis Flavin. Chron. SS. VIII, 409).
6) Mansi XIX, 873. 897.
7) S. oben p. 57.
8) Jaffé p. 386. Dam. op. 6,39. — Höfler II, 356 setzt diesen Beschluss ohne Beweis in 1061, Hefele, Conciliengeschichte IV, 774 in 1060.
9) op. 6,39. Dem Erzbischof Heinrich von Ravenna, dem er seinen liber Gratissimus dedicirt hatte, weil er ihm Kenntniss in den h. Büchern zugetraut, der ihm aber gar nicht in der Sache geantwortet hatte, giebt er hier einen verdeckten Tadel.
10) Nach dem Text des Hugo von Flavigny (M. G. SS. VIII, 408), den ich mit Waitz (Forschungen zur deutschen Geschichte IV, 105—119,

D. hat sicher mit Freuden die neue von Hildebrand geschaffene Ordnung begrüsst, wie sie damals allgemein von den Freunden der Kirchenreform gutgeheissen wurde[1]; sollte doch zunächst dadurch die Wiederholung solcher Vorgänge, wie sie nach dem Tode Stephans IX. stattgefunden, unter denen er selbst am schwersten zu leiden gehabt hatte, unmöglich gemacht, den römischen Adelsfactionen auf immer die Besetzung des päpstlichen Stuhls entrissen werden. Für ebenso gewiss halte ich aber, dass D. mit der weiteren Absicht Hildebrands, durch das Dekret den Einfluss des deutschen Königs auf die Erhebung des Papstes auf ein geringstes Maass herabzudrücken und sobald als möglich völlig zu brechen,[2]) nicht einverstanden war.

VII.

Zum Verständniss der weiteren Geschichte Ds, seiner Stellung in dem nach Nicolaus' Tode ausbrechenden Kirchenstreite, ist es nötig, hier die Auffassung darzulegen, die er von dem Verhältniss der beiden höchsten Gewalten des Abendlandes, des Imperium und Sacerdotium, gehabt hat, in der er sich von den Tagen Heinrichs III. bis zu seinem Ende im Wesentlichen treu geblieben ist.

In seinen späteren Schriften definirt er die Rechte und Pflichten der kirchlichen und weltlichen Gewalt und ihr gegenseitiges Verhältniss folgendermassen:

Beide sind auf gegenseitige Unterstützung angewiesen: das Sacerdotium bedarf des Schutzes des Regnum, dieses muss durch die Heiligkeit des priesterlichen Amts gestärkt werden.[3]) Der König soll sich rüsten mit dem Schwert, um die Feinde der Kirche zu bekämpfen, der Priester soll beten, um den König und das Volk in Eintracht mit Gott

---

VII, 401—409, X, 614—620 gegen Giesebrecht und Will für den wesentlich echten halte.

1) Hirsch, Desiderius von Monte-Cassino, Forschungen VII, 23.
2) Dass das Dekret nach dieser Seite noch unter Nicolaus II. von der deutschen Regierung richtig aufgefasst wurde, diese die Absetzung des Papstes durch die deutschen Bischöfe aussprechen liess, s. Giesebrecht, Ann. Altah. p. 153. 154.
3) ep. 3,6 an Anno von Cöln (1063): utraque dignitas alternae in-

zu erhalten.¹) Im Uebrigen hält er scharf die Grenzen beider Gewalten auseinander: Der König soll nach dem Gesetz die Verbrecher züchtigen, dieser kraft der ihm übertragenen Schlüsselgewalt die einen binden, die andern lösen.²) Jener soll mit der Wage der Gerechtigkeit die irdischen Händel schlichten, dieser das göttliche Wort der Gemeinde spenden.³) Nur der König hat das Recht, die weltlichen Waffen zu gebrauchen, der Priester soll sich gürten mit dem geistigen Schwert, welches das Wort Gottes ist; auf keine Weise sei es diesem erlaubt, das weltliche Schwert zu ergreifen, ihm sei vor. Allem Liebe und Geduld vom Heiland gelehrt.⁴) Etwas Anderes sei das Schwert das Fürsten, etwas Anderes die Binde des Priesters; jener habe allein das Richteramt und müsse dies mit Strenge verwalten, dieser habe mit Milde die kirchliche Disciplin zu handhaben.⁵)

Es bedarf nicht weiterer Ausführung, wie sehr solche

---

vicem utilitatis est indiga, dum et Sacerdotium Regni tuitione protegitur, et Regnum Sacerdotalis officii sanctitate fulcitur; wörtlich wiederholt in ep. 7,3 (opp. I, 121a) an Heinrich IV. (1065).

1) ep. 7,3 (ib.): Rex enim praecingitur gladio, ut hostibus Ecclesiae munitus occurrat. Sacerdos orationum vacat excubiis, ut Regi cum populo Deum placabilem reddat.

2) ib.: Ille constitutus est, ut nocentes atque scelestos legalium sanctionum censura coërceat; iste ad hoc ordinatus est, ut per claves Ecclesiae, quas accepit, alios zelo canonici vigoris astringat, alios per mansuetudinem Ecclesiasticae pietatis absolvat.

3) ib.: Ille sub lance justitiae negotia debet terrena dividere: iste fluenta caelestis eloquii debet sitientibus propinare.

4) ep. 4,9 (opp. I, 56b) an Bischof Olderich von Fermo (1062): ... praesertim cum inter Regnum et Sacerdotium propria cujusque distingunntur officia, ut et Rex armis utatur saeculi, et Sacerdos accingatur gladio spiritus, qui est verbum Dei. — ib.: Salvator ... docet mundi rabiem potius aequanimiter ferre, quam vel arma corripere vel laedenti laesionibus respondere. — p. 57a: Inter omnes sane virtutum gemmas, quas Salvator noster de caelo veniens attulit ... edocuit charitatem et patientiam. — ib.: Der Papst Leo IX. sei deshalb nicht heilig, weil er öfter in den Krieg gezogen sei, cf. oben p. 58 ff. — Den weltlichen Gesetzen legt er hier sogar gleiche Autorität in kirchlichen Dingen bei, wie den Concilienbeschlüssen: Causas igitur Ecclesiastici cujuscumque negotii leges dirimant fori vel sacerdotalis edicta consilii etc.

5) op. 57 an Herzog Gottfried (c. 1059—63), c. 1 und 2: In quibus utique verbis (Römer 11.) [datur] intelligi, aliud esse gladium Principis, aliud infulam Sacerdotis; dem Priester vindicirt er im Gegensatz zum Richter: visceribus debet pietatis affluere et in maternae misericordiae gremio sub exuberantibus doctrinae semper uberibus filios confovere, und: Sacerdos baculo tantum contentus est innocentiae, ut quietus et placidus teneat custodiam disciplinae.

Ansichten von den hierarchischen Ideen Humberts[1]) und
Hildebrands verschieden sind. D. hat keinen Begriff von
einer weltlichen Macht des Papstes — denn diesen versteht
er unter dem Sacerdos vornehmlich —, von einer päpstlichen Theokratie Hildebrands, von der Schwertertheorie,
wie sie die späteren Päpste und Verteidiger der Hierarchie
aufstellten.[2])

Auch der Papst wie jeder andere Bischof und Priester
hat nach ihm nur ein kirchliches, priesterliches Amt. —
Eine einzige, in den folgenden Jahrhunderten oft citirte
Stelle findet sich in seinen Schriften, die sich dahin deuten
liesse, als sei auch er in seinen späteren Jahren von den
hierarchischen Ideen Hildebrands erfasst. In dem Bericht
an den Subdiakon über seine Mailänder Legation, wo er
seine Rede über die Privilegien des apostolischen Stuhls
wiedergiebt, lässt er den Herrn dem Petrus die Rechte des
irdischen und des himmlischen Reichs übertragen.[3]) Aber
wie der ganze Zusammenhang — D. redet nur von der
Prärogative des apostolischen Stuhls gegenüber den übrigen
kirchlichen Gewalten — und die Stelle des Matthäus[4])

---

1) Die einschlägigen Stellen seines schon öfter im Gegensatz zu D.
citirten liber contra Simoniacos s. Giesebrecht, Kaiserzeit, III, 21 und
„Gesetzgebung der römischen Kirche" in dem Münchener historischen
Jahrbuch 1866 p. 107; besonders III, c. 21 ist zu beachten. Ich weise
auch noch hin auf III, c. 29: Est enim clericalis ordo in Ecclesia praecipuus, tamquam in capite oculi, de quo ait Dominus: „Qui tetigerit vos,
tangit pupillam oculi mei". Est et laicalis potestas tamquam pectus
et brachia ad obediendum et defendendum Ecclesiam valida etc.

2) Interessant ist eine seiner Predigten, die allerdings aus früherer
Zeit zu stammen scheint (Sermo 69; opp. II, 181a erwähnt er den Bischof Fulbert von Chartres († 1029); der „nostris temporibus" lebte);
hier führt er bei der Aufzählung der Sacramente als fünftes die Salbung
des Königs an, schreibt diesem das weltliche und geistliche Schwert
zu und erwartet aus ihrer Verbindung in seiner Hand Heil und Segen
für Regnum und Sacerdotium (p. 180b); er führt dabei die vielberufene
Stelle aus Lucas 21 an: Ecce gladii duo hic . . . Sufficit.

3) op. 5 (opp. III, 38a): Romanam autem Ecclesiam solus ipse fundavit, super petram fidei mox nascentis erexit, qui beato vitae aeternae
Clavigero terreni simul et coelestis Imperii jura commisit; wörtlich wiederholt in der discept. synod. (opp. III, 25 b). Die ganze Stelle hat
etwas verkürzt Anselm von Lucca in seine Canonensammlung aufgenommen, der sie aber Papst Nicolaus II. zuschreibt (lib. I, c. 63, wie Sebast.
Berardus in den Gratiani Canones II, II, 333 bemerkt) und von ihm
ging sie in Gratians Decretum über (Dist. 22, Can. 1); Nicolaus II. wurde
sie im ganzen Mittelalter und noch später zugeschrieben (s. die Schriften
in Goldasts Monarchia), von Mansi, Concil. Coll. XV, 436 sogar Nicolaus I.

4) 16,18. 19. Et ego dico tibi quia tu es Petrus et super hanc
petram aedificabo Ecclesiam meam . . . Et tibi dabo claves regni coelorum; et quodcumque ligaveris super terram, erit ligatum et in coelis etc.

zeigt, aus der D. jene Worte frei herübernimmt, beziehen sich diese nur auf die geistliche Gewalt des Papstes, auf seine Macht auf Erden und im Himmel zu lösen und zu binden.[1)]

Auch kann meine Ansicht nicht ändern, wenn D. an einer Stelle den Papst den höchsten der Menschen nennt, seine Würde, da sie einzig sei in der Welt, höher stellt als die der Kaiser und Könige, deren es mehrere gäbe,[2)] an einer anderen dem Papste sein Privileg vor dem Kaiser erhalten wissen will[3)]; er meint damit nur den Vorrang des Papstes vor diesem in geistlicher Beziehung[4)]; andererseits sagt er auch von der Stellung Heinrichs III. als Kaiser, eine höhere als diese fände man nicht im menschlichen Geschlecht,[5)] eben in weltlicher Beziehung.

Aber beide oberste Gewalten sollen sich nicht nur gegenseitig unterstützen; in ungestörter, friedlicher Eintracht und Harmonie sollen sie wirken, darin sieht D. das allein Heilbringende für Kirche und Reich. Hildebrands Politik musste in näherer oder fernerer Zeit einen gewaltsamen Conflict zwischen Papst- und Kaisertum herbeiführen; nichts lag jenem ferner, als Hildebrand darin zu unterstützen; er hat sich stets als Vermittler und Versöhner in dem unter Alexander II. ausgebrochenen Kampfe zwischen den streitenden Parteien gezeigt. In der bekannten Disceptatio synodalis, die er gerade zu dem Zwecke geschrieben hatte, um die Reichsregierung mit der kirchlichen Partei zu versöhnen,[6)]

---

1) cf. noch ep. 1,12 (opp. I, 7a): Quis enim nesciat quod Princeps Apostolorum Petrus potestatem regni caelestis accepit? Virtutem ligandi sive solvendi quod vellet in caelis ac terris obtinuit; ferner op. 47, I, 3: Salvator . . . mox ut Petro caeli terraeque jura commisit protinus eum dura redargutione corripuit etc. in Verbindung mit ep. 4,12 fin. Selbst Bellarmin, de Romano Pontifice V, 5 (ed. Romilli 1857, I, 529a) giebt zu, dass die Worte Ds nicht anders zu erklären seien.
2) op. 23,1 (opp. III, 238a), an Papst Alexander II. (1064): tamquam Rex Regum et Princeps Imperatorum cunctos in carne viventes honore ac dignitate praecellis etc.
3) disc. synod. fin. (1062): salvo scilicet privilegio Papae quod nemini praeter eum usurpare permittitur; den Papst stellt er hier über den Kaiser, wie einen Vater über seinen Sohn. Der Schluss dieser Schrift scheint mir aber nicht in seiner ursprünglichen Gestalt vorzuliegen.
4) Von diesem Standpunkt aus konnte D. als päpstlicher Legat 1069 die Ehescheidung Heinrichs IV. verbieten, ohne seinem Princip ungetreu zu werden.
5) op. 56,4 (opp. III, 431b) an Kaiserin Agnes (1064): Vir ille tuus . . . Romani Imperii Monarchiam dispensavit. Quia igitur in tantae celsitudinis arce praeeminuit, eo superior quisquam in humano genere reperiri non potuit.
6) Aber nicht wie Voigt p. 72 meint, um zu beweisen, dass dem

fordert er Papst und König aufs Dringendste zur Eintracht auf; nur dann könnten die übrigen Glieder der Christenheit Glück und Ruhe geniessen[1]; hier wie in einem späteren Briefe wünscht er ein so inniges Bündniss von Sacerdotium und Imperium, wie sie in Christo vereinigt gewesen seien.[2] Beim Ausbruch des Kampfes zwischen Alexander II. und Cadalus leitet er den ganzen Verfall der Kirche davon her, dass beide Gewalten sich im Zwiespalt befänden.[3] In welcher Weise er sich näher diese innige Eintracht zwischen Papst- und Kaisertum denkt, geht deutlich aus seinen Briefen an den Reichsverweser Anno von Cöln und den jungen König Heinrich IV. hervor; es ist das Verhältniss beider, wie es unter Kaiser Heinrich III. seit 1046 zum grössten Segen der Kirche bestanden, das auch unter dessen Nachfolger sein Ideal geblieben ist.[4]

Wir haben schon oben gesehen, wie er das Recht des Königs auf die Besetzung der Bistümer nicht angreift[5]; ebenso will er seinen Einfluss auf die Besetzung des päpstlichen Stuhls gewahrt wissen,[6] trotz aller Kränkungen, die der deutsche Hof Nicolaus II. zugefügt hatte,[7] obgleich er

---

Könige durchaus kein Recht der Mitwirkung bei der Papstwahl zugestehe.

1) op. 4 (op. III, 35a): Amodo igitur dilectissimi . . . utraque pars in hoc uno studio conspiremus elaborantes, ut summum Sacerdotium et Romanum simul confoederetur Imperium — ita sublimes istae duae personae . . . invicem unanimitate jungantur etc. In den folgenden Worten ändert Watterich, Vitae Pontif. I, 251 mit Recht Rex cum suis episcopis super animorum statu . . . decernat in Pontifex cum suis etc.

2) ep. 7,3 (opp. I, 121a), aus 1065.

3) ep. 4,9 (opp. I, 56a), an Olderich von Fermo, (März 1062): ad Ecclesiastici status universale periculum ab invicem Sacerdotium Imperiumque resiliunt.

4) Ich kann nicht Meltzers (Papst Gregors VII. Gesetzgebung p. 16 n. 1) Meinung teilen, D. habe, wenn man der Sache bis auf den Grund gehe, eigentlich nie recht gewusst, was er wollte, so gut und ernst er es auch mit seinen Absichten meinte.

5) p. 70 ff. Bemerkenswerth ist in dieser Beziehung noch die ep. 5,10, in der er den Faentinern nach dem Tode ihres Bischofs Petrus räth, die Ordnung ihrer Kirche und die Wahl eines neuen Bischofs bis zur Ankunft des Königs — die 1065 und 1067 bestimmt in Italien erwartet wurde — zu verschieben (. . . ut non eligatis Episcopum usque ad regis adventum. Qui scilicet et errorem tollat, et vos atque Ecclesiam vestram, sedatis undique jurgiis, in quietis ac pacis tranquillitate componat) und den Papst um Erlaubniss dazu zu bitten.

6) Disc. syn. (opp. III, 27b): Privilegium invictissimo Regi nostro ipsi quoque defendimus, et ut semper plenum illibatumque possideat, vehementer optamus; und p. 31b, p. 32a: Sed absit a nobis, ut . . . Rex . . . rem sui juris amittat etc.

7) ib. p. 31b.

selbst im Princip die freie Papstwahl verteidigte[1]) und sogar die apokryphe Schenkungsurkunde Constantins als Argument für dieselbe anführte.[2]) In dem Schreiben an Anno von Cöln bittet er ihn in seiner Eigenschaft als Reichsverweser, ein allgemeines Concil zu berufen, um durch dasselbe über die Kirchenspaltung entscheiden zu lassen,[3]) ein Schritt, der ihm den schwersten Tadel und die entschiedendste Feindschaft Hildebrands zuzog[4]); und Heinrich IV., als er eben waffenfähig geworden, fordert er eindringlichst auf, baldigst in Italien zu erscheinen, dem Schisma zwischen Cadalus und Alexander II. endlich ein Ende zu machen, ebenso die Kirche aus ihrer schmählichen Lage zu erretten, wie es einst sein ruhmreicher Vater gethan, ein starkes Kaisertum zu errichten, wie es unter diesem bestanden.[5]) — Dies genügt um zu erkennen, wie D. die „Freiheit der Kirche" aufgefasst hat.

Ich glaube bewiesen zu haben, dass alle Versuche, D. als Anhänger der hierarchischen Partei, als einen Hildebrandianer, als einen Vertreter der cluniacensischen Richtung darzustellen, völlig verfehlt sind.[6]) Seine ganze

1) ib. p. 26.
2) ib. p. 27a.
3) ep. 3,6 (1063).
4) ep. 1,16 an Alexander II. und Hildebrand (1064).
5) ep. 7,3 (opp. I, 121a) (1065). Auch p. 120a ist zu bemerken: Quid ad haec dices qui Ecclesiasticae defensionis officio fungeris? qui in paterni vel aviti sceptri jura succedis?
6) So Stenzel I, 279: D. habe das religiöse Wohl der Menschen durch Reinheit und Unabhängigkeit der Kirche von aller weltlichen Macht begründen wollen; Cassander p. 72: Es sei nicht zu bestreiten, dass D. wie Hildebrand von der Thronbesteigung Stephans IX. an allenthalben das nämliche Ziel verfolgt habe; Leo, Vorlesungen II, 299: D. habe schon unter Leo IX. das Verderbliche der königlichen Macht in der Kirche anerkannt. Auch Krügers (Die Pataria in Mailand, Breslauer Programm, 1873, p. 14), Aberles (Freiburger Kirchen-Lexicon III, 16) Meinungen sind völlig unrichtig, wie auch die Fehrs, Petrus Damiani, a. a. O. p. 197 und Gfrörers, Gregor VII. VI, 554. Ebenso meint Meltzer a. a. O. p. 16. 17. irrig, D. habe die Beseitigung jedes weltlichen Einflusses auf die Kirche sich zum Ziele gesteckt und — was mir ganz wunderbar erscheint — die Wiederherstellung des Verhältnisses, welches dem heidnischen Staate gegenüber bestanden hatte, auch dem nunmehrigen christlichen Staate gegenüber, auf Grund der ep. 7,3 an Heinrich IV. und der Disc. syn. fin.! Auch Helfenstein, dessen Ansicht über die politische Stellung Ds neben der Giesebrechts der meinigen am nächsten kommt, meint p. 157 irrig, er habe die Regeneration der Kirche eben nur in der Kirche und durch die Kirche erwartet. Reumont II, 363 identificirt „bei der grössten inneren Verschiedenheit beider" die Ziele Hildebrands und Ds. Auch Vogel, P. D., lässt ihn allmälig ein fast willenloses Organ der Hildebrandschen Politik werden und meint p. 30 gar, er habe die Kaiserin Agnes als ihr Beichtvater mit einer Kirchen-

kirchenreformatorische Thätigkeit erstreckt sich nur auf eine Reform und Reinigung der Kirche im Innern, politische Zwecke verfolgte er dabei absolut nicht. Grosses hat er allerdings beigetragen zu der Rettung der Kirche aus ihrem Verfall, der uns in der ersten Hälfte des 11. Jahrhunderts in der erschreckendsten Gestalt entgegentritt, und, wenn auch wider Willen, hat er durch seine energische, rücksichtslose Bekämpfung der Priesterehe und der Simonie, durch die von ihm besonders ausgegangene Hebung des Mönchsstandes, viel dazu mitgewirkt, dass sich Gregors VII. Pläne verwirklichen konnten; aber darum sind seine Ziele nicht entfernt mit denen Hildebrands zu identificiren.

Es kann mir nicht in den Sinn kommen, Ds politische Stellung zu loben; er hat nicht erkannt, dass seit dem Tode Heinrichs III. die Zeiten sich gewaltig geändert hatten, dass, wenn die Durchführung der Kirchenreform ermöglicht werden sollte, ein Festhalten an den Traditionen des Kaisertums Heinrichs III. unmöglich war. Er ist in dieser Beziehung ein Schwärmer, ein Idealist gewesen, wie in so vielen anderen; überhaupt ist er nie Politiker gewesen; der Cardinal hat nie in ihm den Eremiten verdrängen können. Gerade im Gegensatz zu ihm tritt die Grösse des klar die Verhältnisse überschauenden, stets sein Ziel fest im Auge behaltenden Gregor am schärfsten hervor.

Dennoch wird man aber Ds redliches, uneigennütziges Wirken anerkennen müssen, durch das er, unbeirrt durch die herrschende Richtung in der Curie, das einmal von ihm als richtig Anerkannte durchzuführen suchte; und immer werden seine Ideen und Bestrebungen, die auf eine Fortdauer der glorreichen Zeiten eines unserer grössten Kaiser gerichtet waren, unsere Sympathien verdienen. —

---

politik befreundet, welche der ihres verstorbenen Gemahls schnurstracks zuwiderlief! Irrig ist auch Zoepffels Ansicht (Die Papstwahlen, p. 161) über Ds Stellung zum Kaisertum. — Auch Floto (I, 242) und Giesebrecht (III, 88 und 116) kann ich nicht beistimmen, wenn sie D. die Disc. synod. im Auftrage und im Sinne Hildebrands verfassen lassen. D. hat dieses Buch wie den Brief an Heinrich IV. ganz auf eigene Hand, ohne fremde Einwirkung geschrieben.

Anhang.

Damianis Schriften
chronologisch geordnet.

---

(1) 1042: Vita Romualdi;
s. oben p. 24.

(2) 1043: ep. 3,2; an Erzbischof G.(ebhard) von Ravenna;
s. oben p. 25 und 47.

(3) 1045 Mitte (c. Juni): ep. 2,19; an den Cardinaldiakon und päpstlichen Kanzler Petrus.[1])
Mitt. II, 103 setzt sie in 1047 unter Clemens II.; D. kann aber in dieser Zeit nicht die Bekanntschaft des Kanzlers zu machen wünschen und ebenso wenig sich Nachrichten über Clemens II. von ihm erbitten, da er ohne Zweifel beide bei seiner Anwesenheit in Rom Weihnachten 1046 kennen gelernt hatte. Der ganze Zusammenhang des Briefes, besonders die Worte: Nisi enim ad rectitudinis statum sedes Romana redeat etc. weisen auf die Zeit hin, wo Benedict IX. den päpstlichen Stuhl an Gregor VI. abgetreten hatte.

(4) 1045, c. Juli: ep. 1,1; an Papst Gregor VI, nicht sogleich nach dessen Inthronisation geschrieben, wie gewönlich angenommen wird, sondern einige Zeit nachher; s. init. und ep. 2,19.

(5) 1045, c. August; ep. 1,2 an Papst Gregor VI.; bald nach ep. 1,1.

(6) 1045, Winter: ep. 5,12; an den Ravennater Presbyter G.

---

1) S. über ihn Jaffé p. 367.

cf. oben p. 48 ff.; Mitt. II, 103 setzt sie in 1047, in die Zeit Erzbischof Humfreds; doch wissen wir gar nichts von einer zweiten Reise Ds nach Ravenna 1047 und es liegt kein Grund vor, die hier berührte Reise für eine von der aus dem Jahre 1045 verschiedene zu halten.

(7) 1045, December: ep. 3,5; an den Erzbischof W(idger) von Ravenna. Dass der Brief nicht an Wibert, wie Cajetan und noch Baxmann, Politik der Päpste II, 319 n. 1, meinen, oder an Humfred, welche Möglichkeit Mitt. II, 101 hinstellt, gerichtet ist, geht aus dem Zusammenhang und besonders aus den Worten über den decessor des Erzbischofs W. hervor, vgl. mit ep. 3,2 an Gebhard; s. noch oben p. 47 ff. — Dass der Brief im December und nahe vor Weihnachten geschrieben ist, s. init.

(8) c. 1045: ep. 4,6; an den Bischof Johannes (von Cesena[1]);
nach init. muss sie vor op. 8, I geschrieben sein.

(9) 1046, Anfang: op. 8, Diss. I.; an Bischof Johann von Cesena und den Ravennater Archidiakon D. D. (Deusdedit[2])); bald nach seinem Aufenthalt in Ravenna 1045 geschrieben, s. praef. Mitt. II, 128 ff. setzt es ohne Grund in 1052, denn von einer Reise Ds nach Ravenna auch in diesem Jahre ist nichts bekannt.[3] Auch erwähnt D. gar nicht die von Leo IX. 1049 auf der römischen Synode getroffenen Massregeln gegen die unkanonischen Ehen.[4]

(10) 1046, Sommer (c. Juni): ep. 7,2; an König Heinrich III.;
s. oben p. 49.

(11) c. 1046: op. 10; an einen Ravennater Laien T.; s. init. und c. 8 init.

(12) 1047, Ende April: ep. 1,3; an Papst Clemens II.;
s. oben p. 51 ff.

(13) 1047, gegen Mitte Mai: ep. 7,1; an Kaiser Heinrich III.

Nach Steindorff a. a. O. p. 335 kehrte der Kaiser Mitte Mai nach Deutschland zurück; nach den Worten Ds: et

---

1) Wie mit Mitt. II, 129 anzunehmen ist; an ihn richtet D. auch das op. 8, I. Er erscheint noch 1053 14|3. bei Leo IX. in Rimini: Mabillon, Annales Ord. S. Ben. IV, app. 743.
2) Dass so die Sigle D. D. aufzulösen ist, s. Ussermann, Prodromus II, 424, wo die praef. bei einem unbekannten Canonensammler aufgenommen ist.
3) S. noch zu op. 6 (Anhang).
4) Wiberti Vita Leonis bei Watterich, Vit. Pont. I, 155.

me quantocyus ad vos festinare jubete muss aber Heinrich damals noch in Italien gewesen sein; aussserdem cf. oben p. 51.

(14) 1046—1049: ep. 3,3; an den Erzbischof G. Der Adressat kann nicht, wie bisjetzt fast allgemein (nur Capecelatro, Pier Damiano, I, 108 stossen merkwürdigerweise Bedenken auf), auch noch von Steindorff p. 249 n. 2 und p. 253 (er setzt den Brief in 1043) angenommen ist, der Erzbischof Gebhard von Ravenna sein. Denn bis zum Tode desselben war nur Benedict IX. Papst (s. oben p. 45 und 47). Mit diesem verrufenen Scheusal (wie D. stets über ihn gedacht hat, s. ep. 3,2; op. 19,3; ep. 1,3) kann aber weder D. in Verkehr gestanden haben,[1]) noch kann dessen vertrauter Rathgeber der reformeifrige Gebhard gewesen sein.[2]) Auch kann nicht D. den Abt Lambert von Classe [3]) dem Erzbischof Gebhard besonders empfehlen, diesen bitten ihm Wohlwollen und Liebe zu erweisen, denn beide standen schon längst in freundschaftlichem Verkehr.[4]) — Vor dem 2. Mai 1050 muss der Brief geschrieben sein, da damals schon Harduin, der Nachfolger des simonistischen Bischofs von Fano, auf dessen Absetzung D. in diesem Briefe dringt, urkundlich erscheint[5]); der betreffende Papst kann also nur Gregor VI., Clemens II. oder Leo IX. sein. — Die Sigle G. ist mir allerdings nicht möglich zu deuten; vielleicht ist in der Adresse Archiepiscopo in Episcopo zu ändern und Guido von Gubbio anzunehmen, der noch 7/4. 1057 nachweisbar ist[6]); auf ihn würden wenigstens am besten die Worte passen: testis est lingua quae tam crebro te abesse conqueritur etc.

(15) 1049: op. 7; an Papst Leo IX. Der Schluss: Annuat omnipotens Deus etc. deutet an, dass das Buch in die erste Zeit der Regierung Leos fällt.

(16) 1049—1050: ep. 5,6; Leo IX. an Klerus und Volk von Osimo.

Jaffé n. 3274 setzt den Brief 1049—54; doch muss er

---

1) Hoc autem mihi persuadere facile poterunt, qui ad vos de nostris partibus venientes, aliquod negotium in praesentia sanctissimi Apostolici Domini mei exercere contendunt.
2) non modicum . . . Papae opinio laborabit; et tu qui consiliarius ejus es etc.
3) Für den Steindorff p. 249 n.2 den Abbas Classensis hält. Uebrigens ist Lamberts Todesjahr unbekannt.
4) Steindorff ib.
5) Auf der Ostersynode, s. Martene Thes. III, 1080.
6) Jaffé n. 3313.

vor 1051 fallen, da nach op. 16 damals schon Bischof Gisler als Nachfolger des in diesem Briefe erwähnten simonistischen Bischofs von Osimo (s. über ihn ep. 1,3 an Clemens II.) erscheint. Höfler II, 109 nennt den letzteren irrig Lothar, dieser ist erst 15/5. 1070 auf der römischen Synode zugegen[1]) und folgte Gisler, dem Freunde Ds.

(17) 1043—1050: ep. 6,6; an die Mönche von Pomposa;
wohl nicht sehr lange nach Ds Rückkehr von Pomposa geschrieben und nach Antritt seines Priorats.

(18) 1045—c. 1050: op. 14, De ordine Eremitarum et facultatibus Eremi Fontis Avellani.
Es kann nicht, wie Mitt. II, 87 meint, gleich nach Uebernahme des Priorats von D. geschrieben sein, denn er erzählt darin, was Alles er für sein Kloster mit grosser Mühe angeschafft habe, während er in ep. 3,2 über die grosse Armut Avellanas klagt. Auch Sed quoniam et hic manentes etc. (p. 161b) weist auf eine spätere Zeit hin.

(19) 1046 April—c. 1050: op. 29; an Abt Mainard von Pomposa.
Dessen Vorgänger Guido war am 31. März 1046 gestorben (Steindorff p. 288); nach dem Eingang zu urteilen, wo er auf seine Anwesenheit in Pomposa hinweist, ist das op. wohl nicht sehr lange nach 1046 geschrieben.

(20) c. 1050: op. 8, Diss. II; an den Presbyter S.; einige Jahre nach op. 8, I. geschrieben, s. praef.

(21) 1043—1051: ep. 4,13; an Bischof V. (Hubert) von Sarsina.
1052 erscheint zuerst der Nachfolger Huberts, Martinus (Ughelli II, 655); Gams Series p. 724 lässt Hubert schon 1050 sterben und 1054—56 einen zweiten Hubert regieren, dessen Existenz ich aber nicht habe nachweisen können.

(22) 1051 (nach der Ostersynode, April): op. 16; an Bischof Gisler von Osimo.
S. oben p. 56. — 1049 kann das op. nicht geschrieben sein wegen der ep. 5,6; 1050 ebenfalls nicht, da der Bischof Guido von Numana (s. praef.) nicht auf der Ostersynode dieses Jahres war (s. die Unterschriften bei Martene Thes. III, 1080). 1053 bliebe allerdings noch möglich. — Die Schrift ist auch nicht in Osimo geschrieben, wie Mitt. II, 121 aus c. 1 folgert (nuper apud Auximum constitutus etc.).

---

1) Jaffé p. 396. Mitt. II, 251.

(23) c. 1051, Sommer: ep. 2,5; an die Cardinäle Hildebrand und Stephan[1]);

wahrscheinlich in die Zeit Leos IX. gehörend, nach Ds Rückkehr von der Ostersynode nach Avellana.

(24) c. 1048—1052 April: ep. 7,15; an Markgraf Bonifacius von Tuscien.[2])

(25) 1052 Sommer (c. September): op. 6; an Erzbischof Heinrich von Ravenna. Das op. gehört nach praef. init. in die Zeit bald nach der Erhebung Heinrichs auf den erzbischöflichen Stuhl, die in der Fastenzeit 1052 stattfand.[3]) Die Worte praef.: hac siquidem transiturus (Leo) in proximo ferebatur, können nur auf die Reise Leos von Benevent nach Padua im Juli 1052 bezogen werden, auf der er leicht Avellana berühren konnte. Die Worte c. 38: sic etiam beatissimo Papae, si per vos transierit, ut fama dispersit, (praesentia tua) ostendat (librum) bezieht Hergenröther, Oesterr. Vierteljahrschrift für Theologie, 1868, p. 416 n. 1 wohl mit Recht auf die demnächst schon wieder erwartete Rückkehr Leos von Ungarn nach Italien. — Dass D., als er das op. schrieb, in Ravenna war, folgert Mitt. II, 125 irrig aus c. 33: Verum nunc in Ravennati Urbe mihi constituto propter Romani populi necessitates creberrimas; diese Worte gehören vielmehr noch zu dem Briefe Innocenz' I. an Bischof Martin von Naissus,[4]) den D. dort anführt. — Das c. 39 ist Sommer 1059, nach der Ostersynode, gezchrieben.

(26) 1050—1054 19/4.: ep. 1,4; an Papst Leo IX.; nach op. 7 geschrieben.

(27) c. 1045—c. 1055: ep. 4,2; an Bischof B.[5]); D. zählt sich noch unter die „juniores".

(28) c. 1048—c. 1055: op. 11; an den Eremiten Leo von Sitria.

Es ist einige Zeit nach Leos Eintritt in Avellana geschrieben, s. praef. und c. 20; und jedenfalls vor 1060, nicht wie Mitt. II, 289 meint, 1064, denn es fällt vor op. 15 (s. unten n. 32).

(29) c. 1050—1057 (Anfang Juni): ep. 4,10; an Bischof R(obert von Sinigaglia).

---

1) Der Letztere ist Cardinal vom Titel S. Petri ad Vincula, s. unten zu op. 43.
2) 6/5. 1052 wird er ermordet.
3) Herm. v. Reich. Chron. 1052. M. G. SS. V, 131.
4) Jaffé n. 96; Mansi III, 1057.
5) Vielleicht Bernard von Ascoli; das betr. Kloster wäre dann das bei Camerino gelegene Suavicinium.

Dass der Adressat nicht Rudolf von Gubbio sein kann, wie Cajetan meint, hat schon Sarti, de episc. Eugubinis p. 32 bewiesen; es kann nur ein Bischof von Sinigaglia sein und zwar ist es Robert, der $^{14}/_3$. 1053 nachweisbar ist.[1]) Der Brief muss geschrieben sein, ehe die Kirchen der massa Sortibuli von der Diöcese Sinigaglia getrennt und dem Bischof von Fossombrone durch Victor II. zugeteilt wurden[2]); denn hier gesteht er noch dem Bischof von Sinigaglia das Recht über jene Kirchen zu.

(30) c. 1048—1057: op. 51; an den Eremiten Teuzo.[3]) Es ist vor dem Tode des Dominicus Loricatus geschrieben ($^{14}/_{10}$. 1060), s. c. 8; und vor op. 15 (s. dort, c. 1 fin.); von Avellana aus (c. 8).

(31) c. 1050—1057: op. 32; an den Subdiakon Hildebrand.

Die Aufschrift frater macht wahrscheinlich, dass es in frühere Zeit fällt; in den späteren Briefen betont er regelmässig Hildebrands Stellung zum apostolischen Stuhl.

(32) c. 1050—1057: op. 15; an den Mönch Stephan. Es ist vor dem Tode des Dominicus geschrieben (s. c. 14); auch vor op. 50 (aus 1059; s. dort c. 14); jedenfalls nach op. 14 und wahrscheinlich ehe D. Bischof wurde; nach op. 11, da er c. 1 fin. auf op. 11,19 verweist.

(33) 1054—1057: ep. 6,19; an die Mönche Rudolf und Ariprand.

Rudolf ist der spätere Bischof von Gubbio (seit 1058, s. oben p. 39 und 73); seit 1054 ist er Mönch in Avellana (s. oben p. 39).

(34) 1057, Mitte Februar—28. Juli: ep. 1,5; an Papst Victor II;
s. oben p. 61.

(35) 1057 November: ep 2,1 an die Cardinalbischöfe;
s. oben p. 64 und 67.

(36) 1050—1058: ep. an Johannes, Prior von Suavicinia (Fragment in der Vita Dominici c. 10). 1059 erscheint Dominicus als Prior von Suavicinia, s. op. 53.

(37) 1052 Ende—1058: ep. an Erzbischof Heinrich von Ravenna (fragmentarisch bei Mai, Collect. VI, 2, 243);

---

1) Jaffé p. 376, Mabillon Ann. IV. app. 743 (bei der Weihe Heinrichs von Ravenna zu Rimini).
2) Synode vom 15/5. 1070, Jaffé p. 396, Mitt. II, 251; dort erkennt D. selbst die betr. Verfügung Victors an.
3) Wo dieser Teuzo Mönch war, scheint mir durch Mitt. II, 152. 163 nicht festgestellt; die Bezeichnung Eremita passt nicht zu dem Coenobium S. Mariae zu Florenz.

nach op. 6 und wohl vor op. 6, c. 39, vielleicht in die Zeit Leos IX. gehörend, nach dem Inhalt zu urteilen.

(38) 1057—1058: ep. 7,14; an die Markgräfin Beatrix von Tuscien; wohl nicht lange nach der zweiten Vermählung der Beatrix, (da nach p. 127a Gottfried dem D. Keuschheit in der Ehe gelobt hatte) und nachdem Gottfried seine Herrschaft in Italien angetreten hatte.

(39) 1058 Sommer: ep. 2,9; an den Subdiakon Hildebrand; wie der Eingang beweist, bald nach der Rückkehr Hildebrands von Deutschland nach Florenz, April 1058. Dass Hildebrand hier als Archidiakon angeredet wird (auch in dem Briefe heisst es: Dicam itaque de summae Sedis Archidiacono), beweist die Richtigkeit von Wills Ansicht (II, 159), dass Hildebrand, noch ehe er officiell und urkundlich[1]) als Archidiakon erscheint, faktisch die Archidiakonatsgeschäfte führte und als solcher allgemein galt. In ep. 3,4, wo D. ebenfalls Hildebrands Reise nach Deutschland erwähnt, lässt er ihn noch als Subdiakon von Stephan IX. abgeschickt werden; auch op. 19,6 init. unterscheidet er genau beide Aemter. Ich glaube deshalb für sicher annehmen zu dürfen, dass seit seiner Rückkehr von Deutschland Hildebrand das Archidiakonatsamt für Mancinus übernahm und seitdem allgemein als Archidiakon galt; daher rühren die häufigen Verwechselungen der beiden Titel bei den gleichzeitigen Schriftstellern.

(40) 1058, Sommer—Ende: op. 28; die Mönche an die Kleriker und Kanoniker;

s. c. 1: Stephanus nuper defunctus († $^{29}/_3$. 1058)

(41) 1058 Winter: op. 20; an Papst Nicolaus II. und den Subdiakon Hildebrand.

Mit Giesebrecht III, 1083 und Wattenbach (M. G. SS. VII, 695 n. 74) nehme ich Winter 1058 als Zeit der Abfassung an gegen Cajetan, Mittarelli, Helfenstein, Will, Floto, Watterich und Hirsch (Forschungen VII, 52 n. 2), die es an Alexander II. gerichtet sein lassen. Meine Gründe sind:

1) Die Anrede an den zum Papst erwählten Bischof Gerhard: Apostolicae Sedis Electus, ebenso nennt er ihn ep. 3,4 und mit Grund, da er erst am $^{24}/_1$. 1059 in Rom geweiht wurde. Sonst aber redet er die Päpste nur mit Sedis Romanae Antistes oder Papa an und ausserdem wurde Alexander II. unseres Wissens an einem Tage ($^1/_{10}$. 1061)

---

1) October 1059, s. Giesebrecht III, 1086.

Dass der Adressat nicht Rudolf von Gubbio sein kann, wie Cajetan meint, hat schon Sarti, de episc. Eugubinis p. 32 bewiesen; es kann nur ein Bischof von Sinigaglia sein und zwar ist es Robert, der $^{14}/_3$. 1053 nachweisbar ist.[1]) Der Brief muss geschrieben sein, ehe die Kirchen der massa Sortibuli von der Diöcese Sinigaglia getrennt und dem Bischof von Fossombrone durch Victor II. zugeteilt wurden[2]); denn hier gesteht er noch dem Bischof von Sinigaglia das Recht über jene Kirchen zu.

(30) c. 1048—1057: op. 51; an den Eremiten Teuzo.[3])

Es ist vor dem Tode des Dominicus Loricatus geschrieben ($^{14}/_{10}$. 1060), s. c. 8; und vor op. 15 (s. dort, c. 1 fin.); von Avellana aus (c. 8).

(31) c. 1050—1057: op. 32; an den Subdiakon Hildebrand.

Die Aufschrift frater macht wahrscheinlich, dass es in frühere Zeit fällt; in den späteren Briefen betont er regelmässig Hildebrands Stellung zum apostolischen Stuhl.

(32) c. 1050—1057: op. 15; an den Mönch Stephan.

Es ist vor dem Tode des Dominicus geschrieben (s. c. 14); auch vor op. 50 (aus 1059; s. dort c. 14); jedenfalls nach op. 14 und wahrscheinlich ehe D. Bischof wurde; nach op. 11, da er c. 1 fin. auf op. 11,19 verweist.

(33) 1054—1057: ep. 6,19; an die Mönche Rudolf und Ariprand.

Rudolf ist der spätere Bischof von Gubbio (seit 1058, s. oben p. 39 und 73); seit 1054 ist er Mönch in Avellana (s. oben p. 39).

(34) 1057, Mitte Februar—28. Juli: ep. 1,5; an Papst Victor II; s. oben p. 61.

(35) 1057 November: ep 2,1 an die Cardinalbischöfe; s. oben p. 64 und 67.

(36) 1050—1058: ep. an Johannes, Prior von Suavicinia (Fragment in der Vita Dominici c. 10). 1059 erscheint Dominicus als Prior von Suavicinia, s. op. 53.

(37) 1052 Ende—1058: ep. an Erzbischof Heinrich von Ravenna (fragmentarisch bei Mai, Collect. VI, 2, 243);

---

1) Jaffé p. 376, Mabillon Ann. IV. app. 743 (bei der Weihe Heinrichs von Ravenna zu Rimini).
2) Synode vom 15/5. 1070, Jaffé p. 396, Mitt. II, 251; dort erkennt D. selbst die betr. Verfügung Victors an.
3) Wo dieser Teuzo Mönch war, scheint mir durch Mitt. II, 152. 163 nicht festgestellt; die Bezeichnung Eremita passt nicht zu dem Coenobium S. Mariae zu Florenz.

nach op. 6 und wohl vor op. 6, c. 39, vielleicht in die Zeit Leos IX. gehörend, nach dem Inhalt zu urteilen.

(38) 1057—1058: ep. 7,14; an die Markgräfin Beatrix von Tuscien;
wohl nicht lange nach der zweiten Vermählung der Beatrix, (da nach p. 127a Gottfried dem D. Keuschheit in der Ehe gelobt hatte) und nachdem Gottfried seine Herrschaft in Italien angetreten hatte.

(39) 1058 Sommer: ep. 2,9; an den Subdiakon Hildebrand;
wie der Eingang beweist, bald nach der Rückkehr Hildebrands von Deutschland nach Florenz, April 1058. Dass Hildebrand hier als Archidiakon angeredet wird (auch in dem Briefe heisst es: Dicam itaque de summae Sedis Archidiacono), beweist die Richtigkeit von Wills Ansicht (II, 159), dass Hildebrand, noch ehe er officiell und urkundlich[1]) als Archidiakon erscheint, faktisch die Archidiakonatsgeschäfte führte und als solcher allgemein galt. In ep. 3,4, wo D. ebenfalls Hildebrands Reise nach Deutschland erwähnt, lässt er ihn noch als Subdiakon von Stephan IX. abgeschickt werden; auch op. 19,6 init. unterscheidet er genau beide Aemter. Ich glaube deshalb für sicher annehmen zu dürfen, dass seit seiner Rückkehr von Deutschland Hildebrand das Archidiakonatsamt für Mancinus übernahm und seitdem allgemein als Archidiakon galt; daher rühren die häufigen Verwechselungen der beiden Titel bei den gleichzeitigen Schriftstellern.

(40) 1058, Sommer—Ende: op. 28; die Mönche an die Kleriker und Kanoniker;
s. c. 1: Stephanus nuper defunctus († $^{29}/_3$. 1058)

(41) 1058 Winter: op. 20; an Papst Nicolaus II. und den Subdiakon Hildebrand.
Mit Giesebrecht III, 1083 und Wattenbach (M. G. SS. VII, 695 n. 74) nehme ich Winter 1058 als Zeit der Abfassung an gegen Cajetan, Mittarelli, Helfenstein, Will, Floto, Watterich und Hirsch (Forschungen VII, 52 n. 2), die es an Alexander II. gerichtet sein lassen. Meine Gründe sind:
1) Die Anrede an den zum Papst erwählten Bischof Gerhard: Apostolicae Sedis Electus, ebenso nennt er ihn ep. 3,4 und mit Grund, da er erst am $^{24}/_1$. 1059 in Rom geweiht wurde. Sonst aber redet er die Päpste nur mit Sedis Romanae Antistes oder Papa an und ausserdem wurde Alexander II. unseres Wissens an einem Tage ($^1/_{10}$. 1061)

---

1) October 1059, s. Giesebrecht III, 1086.

gewählt und geweiht, so dass er diesen gar nicht als Electus bezeichnen konnte.

2) Er benennt den Gegenpapst Mintio (c. 3); wie immer dieser Name zu erklären ist, die Zeitgenossen haben unter ihm nur Benedict X., nicht Cadalus von Parma verstanden (Leo Ost. II, 101; Bonitho bei Jaffé, Bibl. II, 642); auch unter den unzähligen Schimpfwörtern, mit denen D. Cadalus später ausstattet, ist Mintio oder Mincius nicht zu finden.

3) Er erwähnt den Brand einer deutschen Stadt proxima hac aestate transacta, dabei sei ein Mönch freiwillig umgekommen (c. 6); Mabillon, Ann. IV, 590 vermutet mit Recht darunter Paderborn, das nach den Ann. Patherbrunnenses (ed. Scheffer-Boichorst, p. 94) und Marians Chronicon (M. G. SS. V, 558; als Datum ist hier der 10. April angegeben) 1058 durch eine Feuersbrunst zerstört wurde.[1]

4) Merkwürdig ist die Uebereinstimmung von op. 20,1 (nunc etiam cum Simon ille veternosus videlicet trapezita etc.) und der kurz darauf geschriebenen ep. 3,4 (sicque per totam urbem velut officinam male fabricantis Simonis factam etc.; von Benedict gesagt). —

(42) 1058 gegen Ende: ep. 3,4; an Erzbischof Heinrich von Ravenna.

Der freudige, zuversichtliche Ton, der in dem Briefe bemerkbar ist, bestimmt jene Zeit; in 1059 ist der Brief nicht zu setzen, da Benedict noch hartnäckig an seinem Entschluss festhält, Papst zu bleiben.

(43) 1059 Ende Januar—Anfang April: op. 17; an Papst Nicolaus II.;
s. oben p. 82.

(44) 1059 März—Anfang April: op. 5; an den Subdiakon Hildebrand.

cf. oben p. 80 n. 2. — Auch hier wird Hildebrand als Archidiakon bezeichnet; darum muss aber nicht, wie Giesebrecht III, 1084 meint, später eine Correctur in der Ueberschrift vorgenommen sein; s. oben p. 97.

(45) 1059 Sommer: op. 53; an Dominicus und die übrigen Eremiten von Suavicinia.

S. c. 4 init. über die Mailänder Legation; nach p. 420a ist D. nach dem Osterconcil wieder nach Avellana zurückgekehrt, wahrscheinlich blieb er dort während des ganzen

---

[1] Marian erzählt auch von dem Mönch Paternus nomine, monachus Scottus . . . qui etiam combustionem praenuntiabat . . . ambiens maririum . . in sua clausula combustus etc.

Sommers; erst am $^{14}/_{10}$. 1059 treffen wir ihn wieder bei dem Papst (Jaffé n. 3343).

(46) 1059 Sommer: ep. 1,7; an Papst Nicolaus II. s. die Worte Enimvero audenter dicam quia postquam Dominus meus ad Apostolatus culmen ascendit etc.[1]) und Giesebrecht III, 49.

(47) 1059 Sommer: op. 50; an die Gräfin Blanca[2]); nach c. 14 vor dem Tode des Dominicus und als D. in Avellana weilte; nach c. 15 fin. nach seiner Mailänder Legation.

(48) 1043—1060 Sommer: ep. 6,27; an den Mönch Petrus[3]); vor Dominicus Tode geschrieben (s. fin.).

(49) 1059—1060 August: ep. 7,9; Nicolaus II. an Königin Anna von Frankreich
Jaffé n. 3362 setzt sie in 1059—61; König Heinrich I., der Gemahl Annas (p. 125a oben), stirbt aber schon August 1060 (Giesebrecht III, 48).

(50) 1059 Sommer—1060: op. 42, Diss. I; an den Patarener Landulf.

Später ist wohl das op. auf keinen Fall zu setzen. Den Brand von Parma, der „ante annum" nach c. 7 fällt, setzen die Annales Parmenses Minores, die ihn sonst allein erwähnen, in 1055 (M. G. SS. XVIII, 662).

(51) 1060 Januar: ep. 7,4; die Cardinalbischöfe an die Kaiserin Agnes.

Siegfried wurde erst Ende 1059 Erzbischof von Mainz (Giesebrecht III, 61); nach dem Schluss des Briefes ist er bald nach seiner Erhebung geschrieben, nachdem vorher Agnes um das Pallium für ihn gebeten hatte (Giesebrecht III, 1094 setzt ihn Ende 1059; Floto I, 240 und Gfrörer II, 4 jedenfalls unrichtig in 1061, da schon 1060 Agnes mit Nicolaus II. völlig brach: Giesebrecht, Ann. Alt. 153 ff.).

(52) 1060 Januar — c. März: op. 19; an Papst Nicolaus II.

Das op. ist einige Zeit nach der Abdication Bischof Johannes von Penna geschrieben (c. 7 p. 218a); nach einer Bulle Nicolaus' für die Kirche von Penna, in der Johannes als Petent erscheint, ist dieser aber noch $^2/_5$. 1059 Bischof gewesen (Jaffé n. 3334; Ughelli I, 1116). — Desiderius von

---

1) Sie beweisen auch, dass der Brief vor op. 19 de abdicatione Episcopatus fällt.
2) Damals als Nonne in Mailand lebend, s. c. 15 fin.
3) Cerebrosus nur spöttisch genannt (s. oben p. 30 n. 6); cf. op. 12,7 init.

Monte-Cassino besucht D. gerade als er schreibt (c. 3 und 9 init.), beide treffen im Januar 1060 in Florenz zusammen, (Jaffé n. 3350 und 3352); in diese Zeit oder bald nachher muss deshalb das op. gesetzt werden. — Ungenau ist dann freilich das über den Bischof Liutulph von Cagli Gesagte (c. 7), dessen Nachfolger (Marcus) noch leben soll; das Papstwahldekret unterschreibt aber schon der zweite Nachfolger Liutulphs, Hugo. — Der Bischof Farnulf von Cisterna in Apulien, der vor 15 Tagen resignirte und D. zur Abdication ermunterte (c. 7), ist mir ebenso unbekannt, wie sein Bistum.

(53) 1060 Sommer: ep. 4,12; an Bischof V.;
s. init. über die Synode zu Florenz vom 4/6. 1055.

(54) 1060: ep. 2,8; an den Archidiakon Hildebrand;
jedenfalls nach op. 19 zu setzen.

(55) 1043 — c. 1060: ep. 5,8; an die Florentiner Kleriker;
ist nach ep. 6,27 geschrieben, s. init. (Quod igitur de Monachici ordinis exercitiis scripsi etc.).

(56) c. 1050 — c. 1060: ep. 7,17; an Markgraf Rainer[1]);
geschrieben vor ep. 6,25 (1060—63), denn dort ist der Avellaner Mönch Richardus, der hier nur als frater und commonachus erwähnt wird, Prior von Campi-Regii.

(57) 1060 Winter — 1061 Juni: ep. 1,8; an Papst Nicolaus II. und Archidiakon Hildebrand;
ist jedenfalls nach ep. 2,8 zu setzen.

(58) 1058 — 1061 October: ep. 4,11; an die Bischöfe Theodosius von Sinigaglia und Rudolf von Gubbio.
Rudolf stirbt im October 1061, s. oben p. 39 n. 8. Das Todesjahr des Theodosius ist unbekannt, er unterschreibt noch das Papstwahldekret.[2])

(59) 1061 October (1. Hälfte): ep. 5,7; Alexander II. an den Klerus und das Volk von Mailand;
gleich nach der Inthronisation Alexanders und vor der Rückkehr Ds nach Avellana Mitte October (s. Vita Rodulphi init.).

---

1) Fiorentini, Memorie della gran contessa Matilda p. 24 hält ihn irrig für den von Konrad II. entsetzten Vorgänger Bonifacius' von Tuscien. — Der Adressat erscheint in einer Urkunde Gottfrieds bei Della Rena, Serie degli Duchi e Marchesi di Toscana p. 87 (Juni 1059); cf. auch Memorie e documenti per servire all' istoria del principato Lucchese I, 124.

2) Der Visidonus, den Gams p. 726 als Nachfolger des Theodosius zu 1059 nennt, ist identisch mit diesem.

(60) **1061 Anfang November**: Vita Rodulphi et Dominici; an Papst Alexander II.;

bald nach dem Tode Rodulfs geschrieben (s. praef.) und zwar kurz nach dem 28. Oktober (c. 12: Porro autem in festivitate beatorum Apostolorum Simonis et Judae, quam nuperrime celebravimus).

(61) **1060 — c. 1061**: ep. 2,12; an den Abt Desiderius von Monte-Cassino.

(62) **1060 — c. 1061**: ep. 2,13; an Abt Desiderius von Monte-Cassino.

(63) **c. 1061**: ep. 2,11; an Abt Desiderius von Monte-Cassino;

s. init.: Ego autem tibi ... non bis, sed saepius scripsi (dazu rechne ich ep. 2,12 und 13); verumtamen usque hodie ne unum quidem jota, ut rescribere dignareris, extorsi. Ipse quoque pollicitus es etc. Dies Versprechen muss ihm Desiderius während ihres Zusammenseins im Anfang 1060 (zu Florenz und Rom) gegeben haben. Vor op. 34 (Ende 1063) muss ep. 2,11 fallen, da nach jenem Desiderius ihm mehrere Briefe geschickt hatte.

(64) **1062 gegen Ende März**: ep. 1,20; an Papst Honorius II. (Cadalus);

geschrieben, als dieser auf dem Zuge gegen Rom war, s. besonders p. 19 (am 25. März war er in Sutri); cf. Giesebeecht III, 76. — Baxmann II, 279 n. 1 setzt ihn unrichtig „zu Ende 1061".

(65) **1062 gegen Ende März**: ep. 4,9; an Bischof Olderich von Fermo;

einige Tage nach ep. 1,20 geschrieben, s. besonders p. 56a: Unde cum ante aliquot dies hymnos rhithmicos flendo depromerem: Heu Sedes Apostolica etc.; vgl. mit ep. 1,20 fin.; s. übrigens Giesebrecht, Ann. Altah. p. 163.

(66) **1062 gegen Ende April**: ep. 1,21; an Papst Honorius II.;

s. Giesebrecht III, 78. (Cadalus kann nicht damals schon nach Parma zurückgekehrt sein — im Mai — wie Voigt p. 60 meint).

(67) **1062 Sommer**: op. 4 (Disceptatio Synodalis.)

Floto I, 241 setzt sie in September 1062, doch war die Synode (die Ende Oktober stattfand) schon seit mehreren Monaten berufen; cf. Giesebrecht III, 87.

(68) **c. 1059—1063**: op. 57, Diss. I.; an Herzog Gottfried von Lothringen;

einige Zeit nachdem der Herzog in Italien seine Herrschaft angetreten hatte (c. 1 init.) und wohl vor seiner Abreise nach Deutschland Ostern 1064 geschrieben.

(69) c. 1059—1063: op. 57, Diss. II.; an Herzog Gottfried von Lothringen;
gleich nach Diss. I. geschrieben (s. praef.).

(70) 1060—1063: ep. 6,25; an den Mönch Johannes. Der Brief fällt in die Zeit als D. seinen Episcopat niederlegen wollte; der Abt Bonizo von S. Petrus zu Perugia, der nach D. vor einiger Zeit starb, erscheint urkundlich noch am $^{14}/_{10}$. 1059 (Jaffé n. 3343, Margarini, Bullar. Casinense II, 94); sein Nachfolger Rainer am $^{17}/_{4}$. 1060 (Jaffé n. 3399, Margarini II, 99).

(71) 1063, Anfang April: ep. 1,15; an Papst Alexander II.
Nach 1063 kann der Brief nicht gesetzt warden, da D. darin um die Abdication von seinem Episcopat bittet (p. 15a); aus dem Zusammenhang geht hervor, dass einige Zeit seit der Inthronisation Alexanders verflossen sein muss; die Worte am Schluss: hinc Cadalus draco videlicet teterrimus sufflat ... Sed quia Synodus imminet etc. weisen mit grosser Wahrscheinlichkeit auf die Ostersynode 1063 (p. $^{20}/_{4}$) hin, auf der Cadalus gebannt werden sollte. — Der Brief ist in Avellana geschrieben.

(72) 1063, Juni—September: ep. 3,6; an Erzbischof Anno von Cöln;
in Gallien auf der Legationsreise Ds geschrieben.

(73) 1063, Ende Oktober—Anfang November: ep. 6,5; an die Mönche von Cluny;
gleich nach Ds Ankunft in Avellana nach seiner Gallischen Legation (am 27. Oktober traf er wieder in Avellana ein; s. init.).

(74) 1063, November—Anfang December: ep. 2,6; an die Cardinäle Hildebrand und Stephan.
Ende 1063 ist sie frühestens geschrieben, da nach p. 33b Cadalus durch die römische Synode gebannt ist (Ostern 1063) und die Worte p. 34a: Hoc scilicet merentur impendia tot laborum, tot pericula mortium sich nur auf seine gefahrvolle Reise nach Cluny und zurück nach Italien beziehen können. Dass der Brief auch nicht später fällt, vermute ich aus den Schmähungen Ds über Cadalus frevelhaften Angriff auf Rom (es kann nur der zweite, vom Sommer 1063 sein) p. 33b, und aus seinen Anspielungen auf die Römer, die dem Papste anhingen, der ihnen am besten zahle (p. 34a); diese Vorgänge müssen aber einer sehr nahen Vergangenheit angehören; den Eindruck machen wenigstens seine

Worte. — Er schrieb diesen Brief in Rom; dass er November oder December 1063 dort war, beweist auch op. 34 (s. unten n. 76).

(75) **1063 November—December**: op. 18, Diss. II.; an Bischof Cunibert von Turin;
kurze Zeit nach Ds Rückkehr von der Gallischen Legation (praef.).

(76) **1063 gegen Ende**: op. 34, Diss. I.; an Abt Desiderius und die Mönche von Monte-Cassino.
Jene Zeit wird bestimmt durch c. 7: Horno Abbas Cluniacensis cum ad suum me monasterium perduxisset etc. — Die Worte praef.: sed his (tuis litteris) ego Synodali praepeditus instantia adhuc non respondi, in Verbindung mit ep. 6,5 init. und op. 34, c. 6 (In hac etiam Eremo Fontis Avellani, ubi nunc habito) zeigen, dass D. von Cluny nach Avellana, von hier im November oder December nach Rom zu einer Synode (von der uns zwar sonst nichts weiter bekannt ist) und von dort noch vor Ende 1063 nach Avellana zurückgekehrt ist; über seine Anwesenheit in Rom im Winter 1063 s. noch ep. 2,6 und op. 56.

(77) **1063 November—1064 Anfang**: op. 39; an den Erzbischof V. (Hugo von Besançon).
Aus dem Zusammenhang ist klar, dass das op. bald nach Ds Rückkehr von Burgund geschrieben ist (von Fonte-Avellana aus, s. c. 3 fin.).

(78) **1063 Ende—1064 Anfang**: ep. 6,4; an Abt Hugo und die Mönche von Cluny;
nicht lange nach Ds Rückkehr von Cluny und vor ep. 6,2 zu setzen, wohl nach ep. 6,5.

(79) **1063 November—1064**: Vita Odilonis; an die Kirchen im „westlichen Gallien";
im Auftrage Hugos von Cluny verfasst (praef.), wohl auf Veranlassung der Translation Odilos (Gall. praef. c. 16); nach der Gallischen Legation, (s. p. 194b: Adraldus Abbas Bremensis Monasterii . . . nobis aliquando retulit.); Adrald war Ds Führer auf derselben.

(80) **1064 Anfang**: op. 18, Diss. III.; an die Markgräfin Adelheid von Turin;
nach der praef. und c. 1 zu urteilen, bald nach op. 18, Diss. II.

(81) **1064 März—Mai**: ep. 1,16; an Papst Alexander II. und Archidiakon Hildebrand;
nicht in 1063 zu setzen (so Watterich, Vit. Pont. II, 243), da erst Weihnachten 1063 das Mantuaner Concil ausgeschrieben wurde; cf. überhaupt Giesebrecht III, 105 ff.

(82) **1064 April**: op. 56; an Kaiserin Agnes; s. c. 8 über den ersten Kampf des Cadalus mit Alexander um Rom, April 1062. Das Zusammensein Ds mit Agnes (c. 5) fällt in die letzten Monate von 1063, s. zu op. 34. Der Brief ist an die Kaiserin gerichtet, als sie noch in Rom war; es liegt kein Grund vor zu der Annahme, dass sie April 1064 nicht mehr in Rom war (Giesebrecht III, 105 lässt sie schon Januar 1064 nach Deutschland zurückkehren und setzt deshalb p. 1095 den Brief in den Anfang 1064; doch ist sie urkundlich erst im Juli dort, Giesebrecht ib.)

(83) **1064 Anfang Juni**: op. 23; an Papst Alexander II.

Das Mantuaner Concil dauerte bis 2. Juni; der Papst kehrte gerade von ihm zurück, als D. schrieb (praef. init.; von Avellana aus).

(84) **1064 Juli**: op. 9; an Bischof Mainard von Urbino; s. c. 7 fin.; (Nicolaus II. † $^{24}/_7$. 1061).

(85) **1064**: ep. 3,7; an Erzbischof V. (Hugo von Besançon);

nur dieser kann der Adressat sein (an ihn ist auch op. 39 gerichtet); denn D. spricht von seinem Aufenthalt in Burgund p. 47a unten (cf. Gall. prof. c. 20). An Erzbischof Wido von Mailand (den Cajetan, Mittarelli II, 202 und Schröckh 22, 537 für den Adressaten halten) konnte D. nicht in so freundschaftlicher, herzlicher Weise schreiben. Nach dem Zusammenhang ist der Brief nicht lange nach der Gallischen Legation geschrieben.

(86) **1064** (wahrscheinlich Sommer): ep. 1,11; an Papst Alexander II.

Der bei D. um Hülfe flehende episcopus Aurelianensis ist Haderich von Orléans, dessen Sache er sich 1063 auf dem Concil zu Chalons angenommen hatte (s. die Bulle Alexanders II. bei Jaffé n. 3396, Mansi XIX, 959). Ds Neffe Damianus ist noch bei ihm in Avellana (s. fin.), dieser ging aber spätestens 1065 nach Gallien (s. ep. 6,3). Die 10wöchentliche Krankheit, von der D. dem Papst erzählt, setzt Mitt. II, 253 ganz ohne Grund in die Zeit seiner Anwesenheit in Gallien. — Die Bulle Alexanders (s. o.), die Jaffé in 1064 setzt, muss allerdings in eine spätere Zeit gehören; (denn in ihr spricht der Papst die Absetzung Haderichs aus und am $^6/_5$. 1065 erscheint dieser noch auf dem römischen Concil, s. Doublet, Histoire de S. Denys p. 466); wahrscheinlich in die zweite Hälfte von 1065, da der Nachfolger des Bischofs Hildegar von Chartres (s. den Eingang der Bulle), Robert, schon 1066 nachweisbar ist (Gams p. 536).

(87) **1064 Winter—1065**: ep. 6,3; an einen burgundischen oder französischen Abt. Die Worte: O utinam mittere tibi possem quae sanctis Cluniacensibus scripsi et alia multa, quae post Galliae reditum ex diversis thematibus exaravi zeigen, dass der Adressat nicht Hugo von Cluny sein kann, wie Cajetan und Mitt. II, 256 meinen. Dass allerdings D. seinen Neffen nach Gallien schickte zur Erlernung der freien Künste, geht aus ep. 6,29 hervor. Nach den oben citirten Worten und nach ep. 6,22 ist der Brief spätestens in 1065 zu setzen; im Sommer 1064 war der jüngere Damianus noch in Avellana (s. ep. 1,11).

(88) **1065 Sommer**: ep. 7,3; an König Heinrich IV.; s. Giesebrecht III, 1097. 1098.

(89) **1065 Sommer**: op. 35; an Abt Desiderius und die Mönche von Monte-Cassino. Nach praef. schreibt er den Brief bald nachdem er per totum Quadragesimalem mit Desiderius verlebt hatte; dies kann sich aber nur auf die Fastenzeit vor Ostern 1065 beziehen[1]; auf 1060 deshalb nicht, weil schon seit dem 16. Januar dieses Jahres beide in Florenz zusammen waren[2]; auf die Anwesenheit Ds in Monte-Cassino 1066 nicht, weil D. nur 20 Tage dort weilte.[3] Mit Unrecht setzt Mitt. II, 264 die Schrift in 1063 und lässt D. die Fastenzeit 1063 in Monte-Cassino zubringen, auf Grund von Leo Ost. III, 22. Leo erzählt diese Reise allerdings zu 1063, aber die Worte Porro autem dominus Petrus Damiani ... ad hoc monasterium veniens beweisen gar nicht, dass die Reise wirklich schon 1063 stattgefunden, vielmehr ist es dieselbe, von der Johannes[4] meldet, die in 1066 fällt.[5] — op. 33 ist nach op. 35 zu setzen.

(90) **1065**: op. 44; an den Eremiten Johannes Laudensis; s. praef. init. und oben p. 7.

(91) **1065**: op. 37; an den Mönch Alberich (von Monte-Cassino[6]);

---

1) Auf der Ostersynode sind beide anwesend, s. Jaffé n. 3400.
2) Jaffé n. 3350.
3) Vita Dam. c. 20.
4) ib.
5) Als der Grund zu der neuen Kirche in Monte-Cassino gelegt wurde; 1071 wurde sie geweiht, nach Leo III, 32 dauerte aber der Bau fünf Jahre.
6) Der nach Petrus Diaconus, Chron. M. Cas. III, 35 (SS. VII, 728) epistolas quamplurimas ad Petrum Hostiensem episcopum dedit.

s. Argumentatio II, p. 326a, wo D. selbst die Zahl 1065 angiebt; der erste Tractat scheint in dieselbe Zeit zu gehören.

(92) 1043 — c. 1065: op. 55; an die Avellaner Eremiten;
vor op. 54, da er sich in diesem (c. 3 init.) auf jenes bezieht.

(93) c. 1065: ep. 6,2; an Abt V. (Hugo von Cluny); einige Zeit nach Ds Rückkehr von Cluny, s. p. 86b.

(94) 1065—1066 Anfang: op 24; an Papst Alexander II.

Mitt. II, 267 setzt es in 1063 auf Grund des Canon 4 der „Constantinia synodus", die gewönlich in 1063 gesetzt wird (von Mansi XIX, 1023, Hefele, Conciliengesch. IV, 791, Giesebrecht III, 103), doch meiner Ansicht nach ganz ohne Grund. Lindner (Forschungen VI, 510) setzt sie in 1068; [1]) ich sehe aber nicht ein, warum diese Canones ihrem Inhalt nach vollständig auf die Synode von 1068 passen sollen. Ich halte für wahrscheinlich, dass sie mit den Ereignissen in Mailand von den Jahren 1065 und 1066 zusammenhängen, dass die Briefe aus Rom, durch die nach Arnulf [2]) die Patarener in ihrem gewaltthätigen Treiben gegen Erzbischof Wido bestärkt wurden, identisch sind mit den Briefen Alexanders II. an die Mailänder, in denen er ihnen die Beschlüsse jener Synode verkündete.[3]) — Vor diese gehört op. 24 jedenfalls.

(95) 1065—1066 Anfang: ep. 5,14; an die Patarener Rodulf, Vitalis, Ariald und Erlembald.

S. Giesebrecht III, 1112; sie kann nicht sehr lange Zeit vor der Reise Erlembalds nach Rom (vor Pfingsten 1066, s. Paech. p. 39) geschrieben sein. Damberger VI, 603 setzt sie ganz unrichtig in 1060, da Erlembald damals noch gar nicht der Pataria angehörte (Paech p. 36 n. 2.). Damberger (Kritikheft VI, 111) muss ich zugeben, dass die ep. 5,15 keinenfalls D. angehört; schon die Aufschrift Petrus Damiani — so nennt er sich nie in seinen Briefen — Rodulpho salutem scheint mir dies zu beweisen. Ueber den Ursprung dieses Excerpts weiss ich allerdings nichts anzugeben.

(96) 1065 Sommer—1066 Sommer: op. 33; an Abt Desiderius von Monte-Cassino.

---

1) Die ep. 6,5 Ds, die er citirt, ist wohl verwechselt mit den Briefen Alexanders II. an die Mailänder, Mansi XIX, 978. 979.
2) Gesta Archiep. Mediol. III, 17 (SS. VIII, 22) und die Note 33. — cf. Paech, Die Pataria, p. 39.
3) S. Mansi a. a. O., Jaffé n. 3477. 78.

Auf jeden Fall fällt es zwischen Ds Reise nach Cluny (s. c. 7) und die nach Monte-Cassino (s. praef.) Wahrscheinlich gehört es in die Zeit nach der Ostersynode 1065, wo D. noch mit Desiderius zusammengewesen war, und nach c. 8 fin. wohl kurze Zeit vor seiner Reise nach Monte-Cassino; es ist in Avellana geschrieben (c. 5). — Hirsch, Forschungen VII, 5٠. 51 setzt unrichtig op. 33 und 34 in 1060 oder 1061.

(97) c. 1040 — c. 1066: ep. 4,16; an Bischof V.; nicht sehr lange vor ep. 6,10 (s. dort).

(98) 1046 April — 1067: op. 42, Diss. II.; an den Sachwalter Atto.

Der Abt Mainard (praef.) kann nur der Nachfolger Guidos von Pomposa sein; er erscheint zuletzt urkundlich $^{16}/_{11}$. 1067, bei Morbio, Storie dei municipj Italiani I, 74; an seinen Nachfolger Obert ist das op. 13 gerichtet.

(99) c. 1050—1067: op. 48; an den Mönch Honestus (von Pomposa; s. fin. „sub Mainardo Abbate"). nach op. 29 geschrieben, s. c. 4 fin.

(100) 1066 Ende — 1067 Anfang: op. 47; an seinen Neffen, den Eremiten Damianus.

Es ist kurze Zeit vor ep. 6,22 geschrieben (s. dort), bald darauf als Damianus Eremit geworden war. Die Kaiserin Agnes weilt noch bei D. in Rom (s. c. 1); März 1067 ist sie aber wieder in Deutschland (Giesebrecht III, 1095).

(101) 1066 Ende—1067 März: op. 30; an die Bürger von Florenz. —

Drei Berichte haben wir über die hier berührten Vorgänge in Florenz, die überhaupt in Betracht kommen können, die Vita S. Gualberti von dem Vallombrosaner Andreas Strumensis (Acta Sanct. 12. Jul. III, p. 357 ff.)[1], Desiderius, de mirac. S. Bened. III, c. 4 (Mabillon, A. S. IV, II, 464 ff.) und Bertholds Annales a. 1067 (SS. V, 273). So sehr sie sonst unter einander differiren, stimmen sie darin überein, dass schon vor der Absetzung des Bischof Petrus (auf der Ostersynode 1068, s. Jaffé 395) die Sache auf Antrieb der Gegner Bischofs Petrus auf einer römischen Synode verhandelt worden ist; ebenso darin, dass zwischen dieser ersten Synode und der Absetzung Petrus' geraume Zeit ver-

---

1) Geschrieben bald nach 1092, s. p. 363, c. 9, n. 119 (nach dem Tode des zweiten Nachfolger Gualberts 1092; Gualbert stirbt 1073); die beiden Vitae Gualberti von Bischof Atto von Pistoja (Mabill. A. . VI, II, 286 ff., nur ein Auszug aus Andreas, aus der Mitte des 12. Jahrhunderts) und die eines Anonymus (Surius, Vit. Sanct. IV, 189 ff., auch aus dem 12. Jahrh.) sind werthlos.

flossen ist, so dass wir jene für die Ostersynode von 1067 zu erklären berechtigt sind. Als D. aber das op. 30 kurz nach seiner Florentiner Legation schrieb, war der Streit von den Mönchen und den übrigen Gegnern des Bischofs noch nicht vor den apostolischen Stuhl gebracht (s. c. 1: Synodus annualiter imminet; Sedes Apostolica cunctis adeuntibus patet. Romanam ergo pulset Ecclesiam, quisquis se justam adversus Episcopum habere calumniam sperat); die Schrift ist deshalb in das Ende 1066 oder in die ersten Monate 1067 zu setzen (dass damals D. in Rom weilte, s. zu op. 47; noch am 10. Mai treffen wir ihn dort, Jaffé n. 3424[1])); genauer lässt sie sich nicht datiren, da alle übrigen Berichte über die Legation Ds schweigen. — Die oft vertretene Ansicht, die letztere sei in 1063 oder 1064 zu setzen, ist unhaltbar.

(102) 1065 Mai—1067 Mai: ep. 5,10; an Klerus und Volk von Faënza;

gleich nach dem Tode ihres Bischofs P(etrus) und als die Ankunft König Heinrichs IV. bestimmt in Italien erwartet werden konnte, Mai 1065, Winter 1066—Mai 1067 (s. Giesebrecht III, 113 ff., 141 ff.). Gams, Series p. 688 führt allerdings Petrus Nachfolger Hugo schon 21/6. 1063 als Bischof auf und Mitt. Ann. Cam. II, 309 und Access. ad Script. rer. Ital. histor. Faventinae p. 404[2]) lässt Hugo 1063 urkundlich erscheinen; aber es ist völlig undenkbar, dass 1063 D. die Ankunft des Königs in Italien hätte erwarten sollen.

(103) 1067 März—April: ep. 7,8; an Kaiserin Agnes.[3])
Wie die gleichzeitig geschriebene ep. 7,13 zeigt (s. dort fin.), war Herzog Gottfried damals in Italien, als Agnes in Deutschland war. Juli 1064 — Winter 1065, wo Agnes zuerst wieder längere Zeit in Deutschland zubrachte (Gies. III, 1095), befand sich auch Gottfried dort (Lindner, Forschungen VI, 513); deshalb ist der Brief nur in März oder April 1067 zu setzen, wo Agnes wieder in Deutschland weilte (Gies. III, 1095) und Gottfried nach Italien zurückgekehrt war (ib. p. 142); spätestens in April, da der Cardinalbischof Lopertus von Praeneste, dessen Rückkehr nach Ita-

---

1) März oder April 1067 war er inzwischen wieder in Avellana, s. ep. 7,8.
2) Hugo . . . reperitur in tabulario archiep. Ravennae. Caps. F. num. 2058 sub 1063; mir war es nicht möglich, mir Kenntniss davon zu verschaffen. Noch vom 21|6. 1063 ist eine Schenkungsurkunde Bischof Petrus für das Kloster Gamugnium erhalten: Mitt. A. C. II, App. 188.
3) in Avellana geschrieben.

lien D. in dem Schreiben wünscht, am 10. Mai 1067 in Rom mit ihm die Bulle Alexanders II. für Monte-Cassino unterschreibt (Jaffé n. 3424). — Giesebrecht setzt III, 1095 den Brief in den Winter 1064 auf 1065 und p. 1105 in 1067.

(104) 1067 März—April: ep. 7,13; an Herzog Gottfried und Markgräfin Beatrix; s. ep. 7,8.

(105) 1067 Mai: ep. 6,22; an seinen Neffen, den Eremiten Damianus; bald nach op. 47, als Damianus noch Noviz war (s. init.), und von Rom aus geschrieben, da ihm der frater Hubaldus von der brumalis algoris inclementia tunc in illis Alpibus inhorrescens erzählt (init.). Zu derselben Zeit, wo für Monte-Cassino die Bulle vom $^{10}/_5$. 1067 von Alexander ausgestellt wurde (Jaffé n. 3424; D. unterschreibt sie), wurde nach Leo Ost. III, 24 (SS. VII, 715) dem Petrus, Sohn Atenulfs, das Kloster des h. Benedict in Salerno übertragen, und dieser weilte damals bei D. in Rom (p. 103a).

(106) 1067 Sommer: op. 36; an Abt Desiderius und die Mönche von Monte-Cassino. c. 1 init. drückt er seine lebhafte Freude aus über den Episcopatus dimissus; wahrscheinlich hatte im Mai 1067 bei seiner letzten Anwesenheit in Rom Alexander II. endlich seine Bitten erhört und das Bischofsamt von Ostia an Gerald übertragen; denn im Sommer 1067[1]) unterschreibt dieser ein Diplom Philipps I. von Frankreich für das Kloster Martini de Campis (Gallia Christiana VII, 35) als „Giraldus Hostiensis episcopus."[2]) — Nach c. 16 ist das op. nicht sehr lange nach Ds Rückkehr von Monte-Cassino nach Avellana (Oktober 1066) geschrieben.

(107) Sommer 1060—1068: op. 40; an Bischof V. Nach c. 4 ist D. vor 10 Jahren in Urbino bei Bischof Teuzo gewesen; dieser regierte zwischen 1050 ($^2/_5$. 1050 unterschreibt noch Teodericus Orbiensis die Bulle Leos IX., Mabillon Ann. IV, 739) und 1058 (auf der Ostersynode 1059 unterschreibt sein Nachfolger Mainard.[3])) Nach c. 6 und 7 haben ihm Desiderius und Alfanus neulich Geschichten erzählt; vielleicht bezieht sich dies auf ihre Anwesenheit in Rom auf der Ostersynode 1059 oder auf ihr Zusammensein in Monte-Cassino 1066.

---

1) nicht 1066, wie Mitt. II, 345 meint.
2) Den Rang und Titel als Cardinalbischof von Ostia behielt aber D. bis an sein Ende.
3) Gams p. 735 lässt Theoderich bis 1049 und Mainard von 1051 an regieren.

(108) 1061 Oktober — 1068: ep. 1,13; an Papst Alexander II.;

nach p. 8b hatte D. neulich ein Gespräch mit Herzog Gottfried; dieser geht 1069 nach Deutschland und stirbt dort gegen Ende des Jahres (Giesebrecht III, 154. 155).

(109) 1061 Oktober — 1068: ep. 5,13; an die Kapläne Herzog Gottfrieds;

wohl in dieselbe Zeit gehörend, wie ep. 1,13. Die p. 79b genannten uxores principum, Ducis scilicet et Marchionis, können nicht, wie Mabillon Ann. IV, 561 meint, Beatrix und Mathilde sein, s. Mitt. II, 286 und Giesebrecht III, 1108. Jener hält die uxor des Marchio für Willa, die Gemahlin des tuscischen Markgrafen Rainer.

(110) 1063 — 1068: op. 31; an die Cardinalbischöfe.

Nach der praef. ist der Kampf zwischen Cadalus und Alexander noch nicht zu Ende; aber einige Zeit ist seit seinem Beginn verflossen. Wann der episcopus Esculanus oder Tranensis — dass der letztere zu Melphi 1059 abgesetzt sei, wie Mitt. II, 303 und Hefele IV, 767 meinen, und nicht der von Ascoli, ergeben die Worte Ds nicht — durch die römische Synode unter Alexander II. abgesetzt ist (s. c. 6), bleibt ungewiss.

(111) 1067 Juni — 1068: ep. 7,10; an Herzog Gottfried.

Ueber die Zusammenkunft Gottfrieds mit Cadalus wissen wir nichts Näheres. Gfrörers (II, 187) Combinationen kann ich nicht beistimmen. Giesebrecht widerspricht sich, wenn er III, 154 sie nicht viel später als seine Verhandlungen mit den Normannen setzt (Mai 1067) und p. 1107 sie erst der Zusammenkunft Annos und Ottos von Baiern mit Cadalus (Anfang 1068) folgen lässt. — Auf keinen Fall ist sie in 1062 (April oder Mai) zu setzen, als Gottfried die beiden Päpste zwang, in ihre Bistümer zurückzukehren (wie Fiorentini, Memorie 73, Stenzel I, 210, Gregorovius IV, 34 meinen), dagegen sprechen schon die Worte: ... (Cadaloum) jam dudum universalis Ecclesia tamquam lethale virus evomuit, und: et quidem adversus Antichristum hunc viriliter dimicasti etc. (p. 125b).

(112) 1051 — 1069: ep. 4,4; an Bischof G(isler[1])) von Osimo;

jedenfalls nach op. 16 verfasst. Gams p. 712 giebt

---

[1] An den auch op. 16 gerichtet ist.

1057 als Ende seiner Regierung an; doch lässt sich sein Nachfolger Lothar erst seit $^{15}/_{5}$. 1070 nachweisen, s. oben p. 94.

(113) 1062—1069: ep. 4,8; an Bischof Mainard (von Gubbio[1]);

der Brief gehört nicht, wie Mitt. II, 342 meint, in 1072, denn Mainard war nicht der Nachfolger Bischof Hugos, sondern sein Vorgänger, der Nachfolger Rudolfs; denn Hugo erscheint $^{15}/_{5}$. 1070,[2]) 1075 und 1076[3]) urkundlich. Auch die Urkunde bei Mitt. II, 341 beweist nichts, denn der Archipresbyter Johannes von Marsica (ep. 4,8; p. 54b oben: Johannes Marsicanae prius Ecclesiae Archipresbyter, nunc religiosus in Casinensi coenobio monachus hesterna me docuit relatione) sagt darin von sich: Marsicanae dudum ecclesiae archipresbyter, nunc autem ultimus (Casinensis) sancti loci famulus.[4])

(114) 1065—1069: ep. 8,1; an den römischen Stadtpräfekt Cinthius.

1063 starb der Präfekt Stephan (Giesebrecht III, 104 Note); wann Cinthius in seine Stelle eingerückt ist, lässt sich aus dem Bericht Bonithos nicht erkennen; Gregorovius IV, 151 meint, in den „letzten Jahren" Alexanders; Gfrörer VI, 816 „wahrscheinlich erst nach 1065". — Vor 1065 kann der Brief auf keinen Fall gesetzt werden, da Januar 1064 D. nicht in Rom war (s. init.: heri ... dum de praesentis tunc Epiphaniae solemnitate concionare mini in populo etc.); 1065 kann D. sehr wohl im Januar in Rom gewesen sein. — Der Brief gehört jedenfalls vor ep. 8,2.

(115) c. 1066—1069: ep. 8,2; an den Stadtpräfekt Cinthius;

nach den Worten „memini plane excellentissimum Ducem Gothifredum mihi retulisse quae scribo" muss Gottfried damals noch gelebt haben.

(116) c. 1045—1071: ep. 4,7; an Bischof (N..)

Dass der init. erwähnte Gerardus Ecclesiae Florentinae Canonicus der spätere Bischof Gerhard von Florenz sei, wie Mitt. II, 96 meint, bleibt zweifelhaft, da wie Mitt. selbst anführt, mehrere Florentiner Kanoniker Namens Gerhard nachweisbar sind.

(117) c. 1050—1071: ep. 2,4; an den Cardinalbischof Bonifaz von Albano und den Cardinal Stephan.

---
1) Wie ich mit Mitt. II, 342 annehme.
2) Jaffé p. 396, Mansi XIX, 998.
3) Sarti, de episc. Eugub. p. 59. 60.
4) Sie ist also auch kein Beweis für eine Reise Ds 1072 nach Monte-Cassino, die Mitt. annimmt.

Zu Gams p. XXII bemerke ich, dass noch 15/5. 1070 Bonifaz erscheint, Jaffé p. 396, Mansi XIX, 998.

(118) c. 1050[1]) — 1071: ep. 6,15; an Abt P(etrus[2])).

(119) c. 1050—1071: op. 21; an Abt B.

(120) c. 1050—1071: ep. 6,9; an den Prior Gebizo.[3])

(121) 1058 März—1071: op. 25; an Erzbischof A(lfanus von Salerno).

Anfang März 1058 wurde Alfan in Rom zum Erzbischof geweiht, dort lernte ihn D. kennen. Mitt. II, 181 setzt es irrig in 1057.

(122) 1059 Mai—1071: ep. 8,5; an den Senator Petrus.

Den Adressaten halten Gregorovius IV, 50 n. 1 und Wattenbach, M. G. SS. VII, 563 für den Tusculaner, den Bruder Benedicts IX., was mir unwahrscheinlich ist. p. 138a erzählt D. eine Geschichte, die ihm Abt Desiderius berichtet hat; soviel wir wissen, wurde er zuerst auf der Ostersynode 1059 mit ihm bekannt. Von einer Reise Erzbischof Alfans von Salerno nach Constantinopel, die man nach den Worten p. 137b: Alphanus ... in Constantinopolitana se perhibet urbe didicisse quod retulit etc. annehmen müsste, ist mir nichts bekannt.

(123) 1059—1071: ep. 4,1; an Bischof Albert (von Velletri).

Auch mir ist aus dem Zusammenhange des Briefes wahrscheinlich, was Mitt. II, 207. 208 vermutet, dass Albert der Coadjutor Ds in dem Bistum Velletri gewesen sei.

(124) c. 1059—1071: ep. 6,32; an die Gamugneser Eremiten.

Der Mailänder (s. init.), der in Ds Kloster eintreten wollte, war wahrscheinlich durch dessen Aufenthalt in Mailand 1059 dazu veranlasst. — Die Verwüstungen von S. Vincenz, von denen er p. 115b berichtet, fallen in die Zeit Heinrichs III. (s. oben p. 61). — Dass der Brief in spätere Zeit gehört, zeigt der Zusammenhang.

(125) 1060—1071: op. 22; an Cardinalbischof Bonifaz von Albano;

nach c. 4 fin. längere Zeit nach ep. 2,1 geschrieben, nicht wie Mitt. II, 182 meint, 1057.

---

1) s. init.
2) s. über den Adessaten Mitt. II, 113; es kann nicht der Abt von Classe sein, wie Cajetan meint.
3) Derselbe, an den ep. 6,10 gerichtet ist, Mitt. II, 328.

(126) 1060—1071: op. 59[1]); an den Mönch Adam; nach op. 50 geschrieben, s. op. 59,3.
(127) 1060—1071: ep. 8,13; Sorori III. (?); dasselbe wie op. 59.
(128) c. 1060—1071: op. 1; an den Mönch Ambrosius; nach c. 10 fin. aus späterer Zeit.
(129) c. 1060—1071: op. 54; an die Gamugneser Eremiten; nach c. 2 init. muss es in ziemlich späte Zeit fallen.
(130) c. 1060—1071: op. 45; an den Mönch Ariprand.[2])
Nach c. 7 (Leo [Sitriensis] opusculis nostris frequenter insertus) ist es nach op. 11 (s. dort init.) und op. 51 (s. dort c. 6) geschrieben; vielleicht auch nach op. 9 (s. dort c. 5; aus 1064).
(131) c. 1060—1071: ep. 7,18; an die Markgräfin Guilla [3]);
D. schrieb den Brief, als er jam senex war (s. init.).
(132) c. 1060—1071: ep. 8,10; an den Richter Moricus.
Ueber den Mönch Richard, der p. 143a Prior genannt wird, s. zu ep. 7,17 und 6,25.
(133) 1061 Oktober—1071: ep. 8,3; an den Laien Albert;
s. p. 135b über Papst Alexander II.
(134) 1061 November—1071: op. 52; an Abt Desiderius und die Mönche von Monte-Cassino; s. c. 28, wo er eine Geschichte berichtet, die ihm Alexander II. vor fast einem Monate erzählt hatte.
(135) 1063 Ende—1071: op. 12; an den Eremiten Albizo und den Mönch Petrus.
Mitt. II, 294 und Schröckh 20, 541 setzen es in 1065 auf Grund von c. 29 (auf zwei Synoden sei in diesem Jahre gegen die Ehen der Blutsverwandten eingeschritten); auch Mansi XIX, 1038 setzt diese Synoden in 1065, jedoch rein willkürlich,[4]) denn die Bulle Alexanders II., in der er die Beschlüsse der einen Synode verkündigt,[5]) (Gratiani Decr.

---

1) Der Schluss des op., der bei Cajetan fehlt, s. Mitt. IX, 9. 10.
2) Wahrscheinlich verschieden von dem Ariprand, an den op. 46 und ep. 6,19 gerichtet sind.
3) Gemahlin des Markgrafen Rainer, an den ep. 7,17 gerichtet ist.
4) Hefele IV, 805: „wahrscheinlich fallen in dieses Jahr die zwei Synoden."
5) Die der andern kennen wir gar nicht näher.

C. 35 qu. 5 c. 2; Jaffé n. 3476), ist undatirt.[1]) — Nach c. 30 fin.: Imperatoriae namque majestati saepe quae suggerenda videbantur, expressimus etc. scheint das op. in eine ziemlich späte Zeit zu gehören.

(136) 1063 Ende —1071: op. 34, Diss. II.; an Erzbischof A(lfanus von Salerno).
In c. 4 init. berichtet er eine Geschichte, die ihm Bischof Rainald von Como erzählt hatte; mit diesem[2]) war er, wie op. 56,5 zeigt, in Rom im November oder December 1063 befreundet geworden.[3])

(137) c. 1063—1071: op. 38; an den Patriarchen L.[4]); unter Alexander II. und einige Jahre nach 1061, wie die praef. vermuten lässt.

(138) 1065 Sommer—1071: ep. 7,6; an Kaiserin Agnes.
Giesebrecht III, 1095 setzt sie und ep. 7,7 in den Anfang 1064, bald nach op. 56; doch wird sie nach dem über Rainald von Como Gesagten (cf. ep. 7,6 init. und op. 56,5[5])) in eine spätere Zeit zu setzen sein; frühestens nachdem sich D. Sommer 1065 (damals war Agnes wieder in Rom, s. Giesebrecht a. a. O.) von Rom nach Avellana zurückgezogen hatte.

(139) 1065 Sommer—1071: ep. 7,7; an Kaiserin Agnes.

(140) 1065—1071: op. 18, Diss. I.; an den Cardinal-Archipresbyter Petrus[6]);
nach op. 18, Diss. III. (s. c. 1.)

(141) 1065—1071: ep. an Präfekt Cinthius (Fragmente in der Collect. Vet. Test. opp. IV, p. 76. 101. 111. 112).

---

1) Dass 1063 zwei römische Synoden gehalten wurden, s. Jaffé p. 291 (p. 20. April) und oben p. 103. (Nov. oder Dec.)
2) Dem vertrauten Freunde der Kaiserin Agnes.
3) Rainald hatte jene Geschichte von Humbertus venerabilis Sanctae Ruffinae quondam Episcopus gehört; dieser erscheint zuletzt urkundlich 27|4. 1061 (Jaffé, p. 384. 389.). Dass er 1062 als päpstlicher Legat nach England gegangen sei, wie Ughelli I, 108 sagt, beruht auf einer Verwechselung mit dem Subdiakon Hubert, der 1070 zwei Synoden in England hielt (Mansi XX, 19 ff., Hefele IV, 823).
4) Mitt. II, 328 vermutet unter ihm den Patriarchen von Constantinopel Constantinus Lucides, was mir aber sehr unwahrscheinlich ist. Der Adressat wird der Patriarch von Aquileja und die Sigle L. verderbt sein.
5) Nach diesem Briefe blieb Rainald noch längere Zeit bei Agnes, nachdem D. von Rom abgereist war; nach jenem hat sich Rainald vor D. von Agnes getrennt.
6) Es ist der Cardinalpresbyter Petrus, der unter Alexander II. 1070 —73 Bibliothekar war, s. Jaffé p. 390.

(142) c. 1065—1071: ep. 5,2; an seinen Bruder, den Mönch Damianus;
s. oben p. 13 n. 4; nach init. wohl in sehr späte Zeit gehörend (atque in quocumque conventu hominum positus, omnes pene infra meam aetatem esse considero).
(143) c. 1065—1071: ep. 6,34; an die Eremiten der Avellaner Congregation;
dass sie in späte Zeit gehört, s. oben p. 36. 37.
(144) c. 1065—1071: op. 49; an seinen Neffen, den Mönch Marinus.
Es ist vor op. 13 (1068—1071) geschrieben, s. dort c. 20 fin., und wohl nicht lange vorher. In welche Zeit Ds Aufenthalt in Classe fällt (c. 1 und 6), ist nicht zu bestimmen.
(145) c. 1065—1071: ep. 1,12; an Papst Alexander II.;
wohl in spätere Zeit gehörend.
(146) c. 1065—1071: ep. 6,36; an alle Mönche der Avellaner Congregation; aus später Zeit stammend.
(147) 1066—1071: ep. 6,10; an die Aebte Gebizo, Theobald und Johannes Laudensis;
nach ep. 4,16 geschrieben, da diese hier erwähnt wird. Da Johann hier als Abt eines der Avellaner Klöster genannt wird, er aber 1065 Mönch in Avellana wurde (s. oben p. 7), so ist der Brief frühestens 1066 geschrieben.
(148) 1067—1071: op. 43; an die Mönche von Monte-Cassino.

Den c. 2 erwähnten Cardinal Stephan, der zur Strafe für seine Verhöhnung der Geisseldisciplin eines plötzlichen Todes sammt seinem Bruder gestorben sei, halte ich für den Cardinal Stephan vom Titel S. Chrysogonus, der in zwei Bullen Nicolaus' II. als Zeuge erscheint. Er ist nicht identisch mit dem vertrauten Freund Hildebrands, dem Cluniacenser Stephan, an den auch D. mehrere Briefe geschrieben hat; dieser war Cardinal vom Titel S. Petri ad Vincula.[1] Denn unter Victor II. ist Friedrich Cardinal von S. Chrysogonus[2] und jener Freund Hildebrands und Ds war schon durch Leo IX. Cardinal geworden.[3] — Wann der hier genannte Stephan gestorben ist, ist unbekannt, vielleicht ist es der noch 10/5. 1067

---

[1] S. Bouquet, Scr. Rer. Gallicarum XIV, 84; cf. Sudendorf, Berengarius Turonensis p. 157. Gregorovius IV, 106 hält den Freund Hildebrands für den Cardinal von S. Chrysogonus.
[2] Jaffé n. 3313; es ist der spätere Papst Stephan IX.
[3] Giesebrecht II, 492.

erscheinende Stephanus vocatus Cardinalis.[1] — Doch stammt der Brief jedenfalls aus späterer Zeit und ist nach dem Besuch Ds in Monte-Cassino geschrieben, denn durch ihn war die Geisseldisciplin dort erst eingeführt.[2]

(149) 1067—1071: ep. 6,29; an den Mönch Stephan. Sein Neffe Damianus erzählt ihm zwei Geschichten von seinem Aufenthalt in Frankreich; seit Ende 1066 oder Anfang 1067 ist er wieder nach Avellana zurückgekehrt (s. zu op. 47 und ep. 6,22)

(150) 1067—1071: ep. 1,14; an Papst Alexander II. Ueber die traurigen Zustände im Bistum Gubbio, für die er den Papst verantwortlich macht, fehlt sonst jede Nachricht. — Wann der Erzbischof Heinrich von Ravenna gebannt ist, wissen wir ebenfalls nicht[3]; aus den Annales Altahenses a. 1068 geht nur hervor, dass er in diesem Jahre schon im Banne war.[4] — Giesebrecht III, 1098 setzt den Brief in den Sommer 1065, keinesfalls dürfe er früher geschrieben sein. Meiner Ansicht nach gehört er in noch spätere Zeit; denn gerade in den Sommer 1065 passt er nicht, da noch am 11. Juni Alexander in der Bulle für die Velitrenser Presbyter[5] sehr freundschaftliche Gesinnungen für D. zeigt. Auch die Worte: ... quod causae tuae perorator in Sanctorum Pontificum Conciliis toties exstiti: quod in legationis tuae curis atque negotiis frequenter ... declamavi und besonders ut (Ravennatem Episcopum), sicut olim decrevistis, solvere dignemini, suppliciter obsecro weisen bestimmt auf spätere Zeit als 1065 hin.

(151) 1068—1071: op. 13; an Abt O(bertus) und die Mönche von Pomposa.

Ueber den Adressaten s. Mitt. II, 495. Noch 1067 ist Mainard Abt von Pomposa, s. oben p. 107.

Völlig undatirt bleiben folgende Briefe:
1043—1071:
(152) ep. 4,5 an Bischof G.[6]

---

1) Jaffé n. 3424. Auch der Cardinal von Chrysogonus nennt sich (Jaffé n. 3355, Mitt. II, app. 175): Stephanus vocatus monachus et presbyter S. Grisoni.
2) Leo Ost. III, c. 20.
3) Nach der Vita Dam. c. 21 init. geschah es auf einer römischen Synode.
4) Gfrörer II, 95 ohne Grund: seit 1067 (die Stellen Bonithos und Arnulfs, die er citirt, beweisen nichts).
5) Jaffé 3402. Mitt. II, App. 200.
6) Den Mitt. II, 151 für Bischof Gisler von Osimo hält. (?)

(153) ep. 4,15 an Bischof V.
(154) ep. 5,1 an die Archipresbyter Andreas, V. und C.
(155) ep. 5,3 an den Archipresbyter P.
(156) ep. 5,4 an den Archipresbyter P.
(157) ep. 5,5 an den Archidiakon Almerich.
(158) ep. 5,18 an den Presbyter Ubert.
(159) ep. 6,7 an den Abt A.
(160) ep. 6,12 an den Abt J.
(161) ep. 6,13 an den Abt M. des Marienklosters in Constantinopel.
(162) ep. 6,20 an den Mönch B.
(163) ep. 6,23 an den Mönch Wilhelm.
(164) ep. 6,28 an den Mönch Petrus.[1])
(165) ep. 8,4 an den Senator Alberich und seine Gemahlin Ermilina.
Der Adressat kann nicht der Tusculaner Alberich, der Vater Benedicts IX., sein, wie Gregorovius IV, 50 n. 1 und Wattenbach, M. G. SS. VII, 563 meinen, denn dieser stirbt schon c. 1032 (Wattenbach ib. n. 32) und damals war D. nicht einmal Mönch geworden, s. oben p. 19.
(166) ep. 8,6 an den Laien G.
(167) ep. 8,8 an den Richter Bonohomo.
(168) ep. 8,12 an die Nonne Hermisinde.[2])
(169) ep. 8,14 an seine Schwestern Rodelinde und Sufficia.
(170) ep. 8,15 an N.
(171) op. 2 an den Kleriker [3]) Honestus.
(172) op. 3 an den Kleriker Honestus.
(173) op. 26 an Bischof V.
(174) op. 27 an die Fanenser Kleriker.
(175) op. 41 an die Faentiner Kleriker V. und P.
(176) op. 46 an den Avellaner Mönch Ariprand.
(177) op. 58 an den Laien [4]) Bonifacius.
(178) op. 60 Expositio mystica Historiarum libri Geneseos.
(179) ep. an Mönch Honestus, fragmentarisch in den Coll. Nov. Test. bei Mai, Coll. VI. 3, p. 232. 233.
(180) ep. an Bischof V. (fragmentarisch ib. p. 241—243).
(181) ep. an den Mönch Bucco (fragmentarisch ib. p. 243. 244).

---

1) Nicht der Petrus „Cerebrosus" in ep. 6,27, wie Cajetan meint.
2) Mitt. II, 274 hält sie für die Schwägerin der Kaiserin Agnes, die mit dieser nach Rom ging, s. op. 56,1 und ep. 7,6 init.
3) S. praef. init.
4) In den Collect. Vet. Test. opp. IV, 42a und sonst als Sachwalter bezeichnet.

Register zum Anhang.

	pag.		pag.		pag.		pag.
ep. 1,1	: 91	ep. 4,16	: 107	ep. 8,3	: 113	op. 37	: 105
ep. 1,2	: 91	ep. 5,2	: 115	ep. 8,4	: 117	op. 38	: 114
ep. 1,3	: 92	ep. 5,6	: 93	ep. 8,5	: 112	op. 39	: 103
ep. 1,4	: 95	ep. 5,7	: 100	ep. 8,10	: 113	op. 40	: 109
ep. 1,5	: 96	ep. 5,8	: 100	ep. 8,12	: 117	op. 42,D.I.	: 99
ep. 1,7	: 99	ep. 5,10	: 108	ep. 8,13	: 113	op. 42,D.II.	: 107
ep. 1,8	: 100	ep. 5,12	: 91	op. 1	: 113	op. 43	: 115
ep. 1,11	: 104	ep. 5,13	: 110	op. 2	: 117	op. 44	: 105
ep. 1,12	: 115	ep. 5,14	: 106	op. 4	: 101	op. 45	: 113
ep. 1,13	: 110	(ep. 5,15)	: 106	op. 5	: 98	op. 47	: 107
ep. 1,14	: 116	ep. 6,2	: 106	op. 6	: 95	op. 48	: 107
ep. 1,15	: 102	ep. 6,3	: 105	op. 7	: 93	op. 49	: 115
ep. 1,16	: 103	ep. 6,4	: 103	op. 8,D.I.	: 92	op. 50	: 99
ep. 1,20	: 101	ep. 6,5	: 102	op. 8,D.II.	: 94	op. 51	: 96
ep. 1,21	: 101	ep. 6,6	: 94	op. 9	: 104	op. 52	: 113
ep. 2,1	: 96	ep. 6,9	: 112	op. 10	: 92	op. 53	: 98
ep. 2,4	: 111	ep. 6,10	: 115	op. 11	: 95	op. 54	: 113
ep. 2,5	: 95	ep. 6,15	: 112	op. 12	: 113	op. 55	: 106
ep. 2,6	: 102	ep. 6,19	: 96	op. 13	: 116	op. 56	: 104
ep. 2,8	: 100	ep. 6,22	: 109	op. 14	: 94	op. 57,D.I.	: 101
ep. 2,9	: 97	ep. 6,25	: 102	op. 15	: 96	op. 57,D.II.	: 102
ep. 2,11	: 101	ep. 6,27	: 99	op. 16	: 94	op. 58	: 117
ep. 2,12	: 101	ep. 6,28	: 117	op. 17	: 98	op. 59	: 113
ep. 2,13	: 101	ep. 6,29	: 116	op. 18,D.I.	: 114		
ep. 2,19	: 91	ep. 6,32	: 112	op. 18,D.II.	: 103	Vita Romualdi	: 91
ep. 3,2	: 91	ep. 6,34	: 115	op. 18,D.III.	: 103	Vita Rodulphi et	
ep. 3,3	: 93	ep. 6,36	: 115	op. 19	: 99	Dominici	: 101
ep. 3,4	: 98	ep. 7,1	: 92	op. 20	: 97	Vita Odilonis	: 103
ep. 3,5	: 92	ep. 7,2	: 92	op. 21	: 112		
ep. 3,6	: 102	ep. 7,3	: 105	op. 22	: 112		
ep. 3,7	: 104	ep. 7,4	: 99	op. 23	: 104	epp. an Johann, Prior	
ep. 4,1	: 112	ep. 7,6	: 114	op. 24	: 106	v. Suavicinia; Hein-	
ep. 4,2	: 95	ep. 7,7	: 114	op. 25	: 112	rich, Erzb. v. Ra-	
ep. 4,4	: 110	ep. 7,8	: 108	op. 28	: 97	venna u. an Präfekt	
ep. 4,5	: 116	ep. 7,9	: 99	op. 29	: 94	Cinthius : p. 96 u. 114	
ep. 4,6	: 92	ep. 7,10	: 110	op. 30	: 107		
ep. 4,7	: 111	ep. 7,13	: 109	op. 31	: 110		
ep. 4,8	: 111	ep. 7,14	: 97	op. 32	: 96	Die hier nicht genannten	
ep. 4,9	: 101	ep. 7,15	: 95	op. 33	: 106	Briefe (p. 116. 117) sind	
ep. 4,10	: 95	ep. 7,17	: 100	op. 34,D.I.	: 103	undatirbar.	
ep. 4,11	: 100	ep. 7,18	: 113	op. 34,D.II.	: 114		
ep. 4,12	: 100	ep. 8,1	: 111	op. 35	: 105		
ep. 4,13	: 94	ep. 8,2	: 111	op. 36	: 109		

Inhalt.

		pag.
	Einleitung	3
I.	Quellen zum Leben Ds	5
II.	Ds Jugend bis zu seiner Conversion	12
III.	D. als Eremit in Fonte-Avellana (seit c. 1035)	16
IV.	D. als Abt des Klosters und der Congregation von Fonte-Avellana (seit 1043)	25
V.	Ds aussermönchische Wirksamkeit, besonders sein Kampf gegen Simonie und Nikolaitismus und seine Beziehungen zu den Päpsten und K. Heinrich III. (1043—1057)	43
VI.	D. als Cardinalbischof von Ostia (1057—Ostern 1059)	63
VII.	Ds Stellung zu Kaisertum und Papsttum	84
	Anhang: Ds Schriften chronologisch geordnet	91
	Register zum Anhang	118